跨文化交际与高校英语教学研究

赵凌毅　著

中国建材工业出版社
北　京

图书在版编目(CIP)数据

跨文化交际与高校英语教学研究/赵凌毅著.--北京:中国建材工业出版社，2024.5
ISBN 978-7-5160-4040-9

Ⅰ.①跨... Ⅱ.①赵... Ⅲ.①英语-教学研究-高等学校 Ⅳ.①H319.3

中国国家版本馆CIP数据核字(2024)第026110号

跨文化交际与高校英语教学研究
KUAWENHUA JIAOJI YU GAOXIAO YINGYU JIAOXUE YANJIU
赵凌毅 **著**

出版发行:中国建材工业出版社
地　　址:北京市海淀区三里河路1号
邮　　编:100044
经　　销:全国各地新华书店
印　　刷:北京传奇佳彩数码印刷有限公司
开　　本:787mm×1092mm　1/16
印　　张:10.5
字　　数:141千字
版　　次:2025年1月第1版
印　　次:2025年1月第1次
定　　价:59.80元

本社网址:www.jccbs.com,微信公众号:zgjcgycbs

本社法律顾问:北京天驰君泰律师事务所,张杰律师
举报信箱:**zhangjie@tiantailaw.com**　举报电话:**(010)68343948**
本书如有印装质量问题,由我社市场营销部负责调换
联系电话:**(010)88386906**

前　言

随着科技的进步与经济的发展，不同国家、民族的人能够频繁地接触和交往，全球化已成为世界发展的必然趋势，任何国家都不可能孤立、封闭地发展，跨文化交际已成为这个时代的一个突出特征。但不同国家、地区有着不同的历史背景、文化内涵、思维方式、价值取向、行为规范和社会习俗等，因而人们在言语沟通、行为举止、交际习惯和生活习俗等方面都有很大差异，这给跨文化交际造成了极大的障碍，所以跨文化交际的研究与学习就显得尤为重要。

随着教育理念的不断更新，高校英语教学的目标已从“培养学生的语言能力”发展到“培养学生的交际能力”，继而又扩展到“培养学生的跨文化交际能力”。在以跨文化交际为中心的教育理念指导下，高校英语教师应首先培养学生的文化意识，其次要深化学生对目的语文化认知层面的认识，尤其要提高其批判思维能力。

本书整体架构清晰，逻辑顺畅，条理分明，语言朴实而严谨，符合读者的阅读习惯。笔者在撰写本书的过程中，参考了很多专家与学者的研究成果，在此对他们表示衷心的感谢。随着现代教育技术的快速发展，新的教学方法与思想不断涌现，因此，书中难免会存在疏漏和不当之处，敬请读者提出宝贵意见。

目录

第一章　高校英语教学概论

第一节　高校英语教学的理论基础

一、语言学理论

（一）系统功能语言学

伦敦语言学流派的代表人物韩礼德（M. A. K. Hallidy）以该学派创始人弗斯（Firth）所提出的理论为基础，创立了系统功能语言学。韩礼德认为，语言是在完成其功能的过程中不断演变的，语言的社会功能会影响到语言本身的特性。具体来说，语言功能可以分为以下三种。

1. 微观功能

韩礼德认为，微观功能是儿童在学习母语的初级阶段出现的，它包括以下七种功能。

（1）个人功能。个人功能指儿童可以运用语言来表达自己的感情、身份或观点。例如：I like the toy car.

（2）规章功能。规章功能指儿童可以通过语言来控制他人的行为。例如：Finish the task as I have told you.

（3）想象功能。想象功能指儿童可以运用语言来创造一个幻想的环境或世界。例如：Suppose I am the king and you are the queen.

（4）启发功能。启发功能指儿童可以通过语言来认识和探索周围的世界，从中学习和发现问题。例如：Tell me why...

（5）工具功能。工具功能指儿童可以通过语言来获取物，以此满足其对物质的需求。例如：I want...

(6) 相互关系功能。相互关系功能指儿童可以通过语言与他人进行交往。例如：You and me.

(7) 信息功能。信息功能指 18 个月大的儿童可以通过语言向别人传递信息。儿童在成长后期掌握此种功能。

需要指出的是，在儿童语言中，一句话只有一种功能。随着儿童语言逐渐向成人语言靠拢，语言功能范围逐渐缩小，这些微观功能就让位于宏观功能。

2. 宏观功能

相对于微观功能，宏观功能更为复杂、丰富和抽象。它是儿童由儿童语言向成人语言过渡阶段出现的语言功能。宏观功能包括以下两类。

(1) 实用功能。实用功能源于儿童语言早期微观功能中的工具功能、相互关系功能和控制功能。它是指儿童将语言视为做事的工具或手段。

(2) 理性功能。理性功能由儿童语言早期微观功能中的个人功能、启发功能等演变而来。它是指儿童将语言视为学习知识和观察事物的途径和方法。

宏观功能出现在儿童语言早期功能发展的过渡期，它和微观功能、纯理功能存在功能上的延续性，这反映了人类语言为数不多的几种功能可被运用于多种社会场合，同时也反映了人类在运用语言的过程中创造语言的必要性。

3. 纯理功能

韩礼德的纯理功能在语言学界影响巨大。纯理功能包括以下三种。

(1) 人际功能。人际功能指语言具有表明、建立和维持社会中人的关系的作用。通过此功能，讲话者能通过某一情境来表达自己的想法、态度，并对别人的态度、行为造成影响。

(2) 篇章功能。篇章功能指语言具有创造连贯话语或文章的功能，这些话语和文章对语境来说是切题和恰当的。韩礼德认为，语篇是具有功能的语言。

(3) 概念功能。概念功能指人们通过语言表述自己的内心世界的想法和现实世界的经历的功能。语言的概念功能指人们以概念的形式对其所有的经验加以解码，并对主客观世界发生的人、事、物等因素进行表达和阐述。

韩礼德认为，几乎每个句子都能体现语言的人际功能、篇章功能和概念功能，且这三种功能经常同时存在。

在如何看待语言本质的问题上，韩礼德对语言功能的论述为研究者们提供了一个全新的视角，推进了语言学界对语言的理解。后来的交际法教学流派（又称“功能—意念教学流派”）就是以韩礼德的语言功能理论为基础而建立起来的。

(二) 克拉申的二语习得理论

20 世纪 70 年代，克拉申（Stephen Krashen）针对第二语言的习得提出并发展了二语习得理论。该理论是最具争议的二语学习理论之一，共包括下面五个部分。

1. “学得”与“习得”假设

克拉申认为，“学得”和“习得”不同，它们是培养外语能力的两种途径。“学得”是学生通过课堂学习等方式有意识地掌握语言语法规则的过程，而“习得”是学生在无意识的状态下形成并掌握语言能力的过程，是一种类似小孩子学习母语的过程。“习得”与“学得”的区别具体如表 1-1 所示。

表 1-1　“习得”与“学得”的区别

习得	学得
不知不觉的过程	意识到的过程
内化隐含的语言规则	获得明示的语言知识
正式学习无助于习得	正式学习有助于语言知识获得

克拉申认为，“学得”只能监控和修正语言，却不能发展交际能力。“习得”能够发展交际能力，因此外语应该通过“习得”来获取。

2. 自然顺序假设

克拉申认为，一种语言的语法规则或结构是按一定的、可以预知的顺序习得的，这种情况也适用于第二语言（外语）的学习。

3. 输入假设

在克拉申看来，理想的输入应具备以下四个特点。

（1）具有足够的输入量。“i+1”是克拉申提出的著名公式。其中，“i”代表习得者现有的水平，“+1”表示语言材料的理解难度应略高于习得者目前的语言水平。这意味着，只要习得者能理解输入的材料，且达到了一定的量，就意味着习得者已经实现了第二语言的习得。

（2）具有可理解性。输入的语言必须可以理解，不可理解的输入不仅对学生无用，而且还会损害学生学习的积极性。可理解性的语言输入是语言习得的必要条件。

（3）既有趣，又有关联。趣味性与关联性可以增强语言习得的效果。

（4）按照非语法程序安排。在语言习得的过程中不必按语法程序安排教学活动，重要的是要有足够的可理解的输入。

按照克拉申的外语教学理论，外语教学时应尽量向学生提供可理解的语言输入，教师应使用一切手段来加强语言输入的可理解性。

4. 监控假设

克拉申认为，有意识的“学习”只能在运用第二语言时起到监控的作用。这种监控作用可以发生在写或说的之前或之后。

需要指出的是，“学习”的监控作用必须具备三个条件才能得到发挥，即有足够的时间、知道规则、注意语言形式。此外，这种监控作用在不同的语言交际活动（如口头表达与书面表达）中会导致不同的交际效果。

5. 情感过滤假设

“情感”指学生的动机、需求、信心、忧虑程度以及情感状态。这些情感因素会对语言的输入起到促进或阻碍的作用，因而被视为可调节的过滤器。根据情感过滤假设，外语学习者的积极情感态度有助于更多地输入目的语，而消极情感态度则会过滤掉很多目的语。因此，教师应努力营造一个轻松愉快、自由自在的学习气氛，避免给学生施加压力。

(三) 斯温的输出假设

斯温（Swain）基于加拿大法语沉浸式教学结果的研究提出了输出假设。斯温认为，语言输入是实现语言习得的必要条件，但是除了这一必要条件还需要其他的条件。也就是说，若要使学生的英语学习达到较高的水平，除了对其进行可理解的输入外，还需要考虑学生可理解的输出。

学生需要充分地理解并有效地运用既有的学习资源，将其准确、合理地输出。在这一过程中，学生的语言水平才能得到较高程度的提升，学生也才能在不断输出的过程中意识到自己在语言表达方面所存在的问题。在英语教学实践中，教师应该尽可能地给学生提供充足的语言表达与运用的机会，不断地培养和提高学生语言表达的准确性和流利性。斯温认为，语言输出的作用主要体现在以下几个方面。

（1）检验自己所提出的假设是否正确，是否具有一定的可行性。

（2）使学生侧重把握语言形式。

（3）让学生能够有意识地进行自我反思。

斯温的输出假设对英语教学有一定启示。当英语教师意识到语言输出活动对语言学习的重要性之后，就会据此设计一些交际性的口头或笔头的语言实践活动来进行教学，如让学生复述、小组讨论、组织辩论等。教材的编写也会侧重添加一些实际性的语言输出活动，如角色扮演、针对某一话题发表不同见解等。

(四) 言语行为理论

言语行为理论作为现代语用学研究中的一个重要理论，最初是由英国哲学家约翰·奥斯汀（J. L. Austin）在 20 世纪 50 年代提出的。之后，美国的哲学语言学家塞尔（Searle）对言语行为进行了深入的探讨。因此，这里主要介绍这二人的观点。

1. 奥斯汀的言语行为理论

奥斯汀将话语分为表述句和施为句两大类别。此外，他还在此基础上提出了言语行为三分说。

（1）表述句与施为句

表述句是用来描写、报道或陈述某一客观存在的事态或事实的句子。表述句可以验证，并且具有真假值。

例如：Jim is lying in bed.

如果 Jim 确实在床上躺着，这句话就为真；反之则为假。

施为句是用来创造一个新的事态以改变客观状况的句子。施为句不可以验证，也不具有真假值。

例如：I call the toy horse Spirit.

这个句子既无法验证，也无法判断真假。这个句子的意义在于给玩具马命名，即给客观环境带来了改变。

可见，表述句与施为句的最大区别在于表述句以言指事、以言叙事，而施为句以言行事、以言施事。

（2）言语行为三分说

奥斯汀发现了表述句与施为句两分法的不足之处并修正了自己的观点，提出了更为成熟的言语行为三分说。他将言语行为分为以下三个层次。

①以言指事行为指移动发音器官，发出话语，并按规则将它们排列成词和句子。它是通常意义上的行为。

②以言行事行为指通过说话来实施一种行为，简称为“语力”。它是表明说话人意图的行为。奥斯汀将以言行事行为分为评价行为类、施权行为类、承诺行为类、论理行为类、表态行为类五个类别。

③以言成事行为就是以言取效行为，它指说话带来的后果。需要说明的是，以言成事行为或以言取效行为只是指一句话导致的结果，不论结果如何都跟说话人的意图无关。

2. 塞尔的言语行为理论

塞尔的主要贡献是改进了奥斯汀对以言行事行为的分类，并提出了间接言语行为理论。

（1）塞尔对以言行事行为的重新分类

塞尔将以言行事行为分为以下五类。

①承诺类。它表示说话人对未来的行为做出不同程度的承诺。此类行为的动词包括 threaten、pledge、vow、offer、undertake、guarantee、refuse、promise、commit 等。

②表达类。它表达说话人的某种心理状态。此类行为的动词包括 congratulate、apologize、deplore、regret、welcome、condole、boast 等。

③断言类。它表示说话人对某事做出真假判断或一定程度的表态。此类行为的动词包括 deny、state、assert、affirm、remind、inform、notify、claim 等。

④宣告类。它表示说话人所表达的命题内容与客观现实一致。此类行为的动词包括 nominate、name、announce、declare、appoint、bless、christen、resign 等。

⑤指令类。它表示说话人不同程度地指使或命令听话人去做某事。此类行为的动词包括 request、demand、invite、order、urge、advise、propose、suggest 等。

塞尔的重新分类具有很强的科学性，直到今天仍在使用。

（2）间接言语行为理论

所谓间接言语行为，就是指通过实施另一行为而间接得以实施的言语行为。例如：Can you pass the bottle for me?

这种言语行为虽然表面上在进行“询问”，但实际上表达的是一种“请求”行为，即“请求”是通过“询问”间接实施的。塞尔进一步将间接言语行为分为规约性间接言语行为和非规约性间接言语行为两个类别。规约性间接言语行为通常出于对听话人的礼貌，且根据话语的句法形式可立即推断出其语用用意；而非规约性间接言语行为往往比较复杂，需要更多地依靠交际双方共知的语言信息与所处的语境来进行推断。

二、心理学理论

(一) 行为主义心理学

行为主义学习理论最初来源于俄国生理学家巴甫洛夫（Ivan Petrovich Pavlov）的“条件反射”概念。20世纪初，美国心理学家华生（John B. Watson）创立了行为主义学习理论。美国学者斯金纳（B. F. Skinner）对华生的行为主义进行了继承和发展。这里主要介绍此二人的观点理论。

1. 华生的经典行为主义理论

华生把有机体应付环境的一切活动称为“行为”，行为的基本成分是反应。反应分为习得的反应和非习得的反应，前者包括认的一切复杂习惯和条件反射，后者则指人在条件反射和习惯方式形成之前的婴儿期所做的一切反应。华生将引发有机体反应的外部和内部的变化称为“刺激”，认为刺激必然属于物理或化学的变化。任何复杂的环境变化，最终总是通过物理变化或化学变化转化为刺激作用于人的身体。换句话说，刺激和反应都属于物理变化或化学变化，由此便形成“刺激—反应（S—R）”公式，通过刺激可以预测反应，通过反应可以推测刺激。

华生认为，学习就是以一种刺激替代另一种刺激建立条件反射的过程。在他看来，人类出生时只有几个反射和情绪反应，所有其他行为都是通过条件反射建立新的“刺激—反应（S—R）”连接而形成的。

华生主张心理学应该摒弃意识、意象等主观的东西，只研究所观察到的并能客观地加以测量的刺激和反应，无须理会其中间环节。华生将它称之为“黑箱作业”。他认为人类的行为都是后天习得的，环境决定了一个人的行为模式，无论是正常的行为还是病态的行为都是经过学习而形成的，也可以通过学习而更改、增加或消除。他认为查明了环境刺激与行为反应之间的规律性关系，就能根据刺激预知反应，或根据反应推断刺激，达到预测并控制动物和人的行为的目的。华生认为，行为就是有机体用以适应环境刺激的各种躯体反应的组合，有的表现在外表，有的隐藏在内部。在他眼里人和动物没什么差异，都遵循同样的规律。

2. 斯金纳的新行为主义理论

斯金纳于1957年发表了《言语行为》一书，从行为主义角度对言语行为系统进行了分析。斯金纳认为，人们的言语以及言语中的各个部分都是在受到内部或外部的刺激下产生的。具体来说，斯金纳提出了“操作性条件反射”的观点。这一观点强调语言学习的过程是一个不间断的操作过程，即发出动作然后得到一个结果或目的，这一动作就被称为“操作”。如果这一动作的结果是令人满意的，操作者就会重复“操作”，这时“操作”便得到“强化”，也称为正向强化。儿童学习语言的过程正是这样一个不间断的“操作”过程，从而使语言行为逐步形成。

斯金纳认为，在某一语言环境中，他人的声音、手势、表情和动作等都可以成为强化的手段。例如，教师可以通过表扬、肯定、满意的表示，使学生的某种言语行为得到强化。只有言语行为不断得到强化，学生才能逐渐养成语言习惯，学会使用与其语言社区相适应的语言形式。如果言语行为没有得到强化，语言习惯就不能形成，语言也就不能被学生学习到。在学习时，只有反应“重复”出现，学习才能发生。因此，“重复”在学习中的作用是不容忽视的。

通过上述介绍可以看出，行为主义学习理论的形成主要基于以下六个观点。

（1）语言是一种习惯，是人类所有行为的基本部分，是在外界条件的作用下逐步形成的。

（2）在语言习得和语言学习过程中，外部影响是内在行为变化的主要因素。因此，语言行为和习惯的变化是受外部刺激的影响而不是受内在行为的影响。

（3）儿童习得和学习语言的过程是按照操作制约的过程进行的，即发出动作—获得结果—得到强化。这也是儿童习得语言最基本的客观规律。

（4）学习是刺激与反应的连接，其基本公式为“S—R”。也就是说，有怎样的刺激，就有怎样的反应。

（5）学习过程是一种“渐进的尝试—错误的反复循环—最后成功”的过程。学习进程的步子要小，认识事物要遵循部分到整体的规律。

（6）强化是学习成功的关键。语言行为需要正向强化才能形成并得到巩固。正向强化主要指学习上的成就感及他人的赞许和鼓励，它是帮助学生形成语言习惯重要的外部影响因素。

当然，行为主义学习理论有很多不足之处，如它完全否认人类学习的内在心理机制，忽视了人类的主观能动性，难免会走向机械主义和环境决定论，因此该理论受到认知主义等学习流派的批评。尽管如此，行为主义心理学的研究对英语教学仍有着重大影响，这些影响明显体现在实际的英语教学实践中。例如，在语言学习的初级阶段，学生的不断观察、模仿和实践就是遵循了行为主义的学习理论。在外语教学的初级阶段，反复练习被看作是语言学习的一个重要且有效的手段，并得到了广泛的应用。

（二）人本主义心理学

人本主义的学习理论起源于二十世纪五六十年代在美国兴起的一种心理学思潮，被称为“心理学的第三势力”。人本主义心理学起初并不形成于对学习和学习过程的研究，而是形成于一些对人类行为的基本原理和基本假设持有相似观点的心理学家的应用研究。人本主义心理学的主要发起者是马斯洛（Abrnham H. Maslow），近年来影响较大的代表人物是罗杰斯（Carl R. Roges）。他们认为，教育能够为学生提供一个心理环境，这个环境充满人情味，学生在这个环境中能得到辅导并将自身的固有潜能充分地发挥出来。下面对他们的观点进行具体介绍。

1. 学习动机论

人本主义心理学的动机论是以马斯洛的“需求层次论”为基础的。马斯洛从人的自我实现需要出发，将人的需要从低级到高级分为五个等级：生理需求、安全需求、社交需求、尊重需求、自我实现需要。其中，自我实现需求指的是人类能把自身潜能变成现实的基本倾向，是最高层次的需求。自我实现是对天赋、能力、潜力等充分的开拓和利用。这样的人能够实现自己的愿望，对他们力所能及的事总是尽力去完成。马斯洛认为，人具有“自我实现”的动机，有“自我实现”需要的人总是致力于他们认为重要的学习和工作。

以马斯洛的需求层次理论为基础，罗杰斯提出了“自我实现”的三个阶段，具体如下：

（1）“映射”阶段。在这一阶段，人的自我发展是由外界要求的“映射”产生的。例如，学生说：“我要努力学习，因为教师这样要求我们。”

（2）混乱阶段。当学生有一定的自我意识时，若教师对学生的要求与学生自己的观点产生矛盾，就会造成学生无所适从，使学生处于混乱阶段。

（3）自我实现阶段。当学生的自我意识占据主导地位并认识到自己的价值和能力时，学生便能独立地、创造性地做出判断和决定，从而实现自己的愿望。

马斯洛还针对如何使学生具备“自我实现”的学习动机的问题提出了许多策略性的建议，主要有以下几点。

（1）避开过去。学生在学习时，应将全部身心投入学习，排除先前事件的影响。特别是对于学困生来说，如果他们总是持有“我以前学得不好”的观念，那么他们将停滞不前，不能取得进步。

（2）保持积极接受的态度。所谓积极接受的态度，是指学生学习时，既要全神贯注、独立思考，又要虚心接受别人的意见。马斯洛指出，当我们以非干扰和安全接纳的方式与别人相处时，就能感受到更多东西。因此，同学之间的互帮互学十分重要。

（3）防止两种心理障碍：一是“低俗化”，即自以为看透所有世俗，不相信神圣的、美好的东西；二是“约拿情结”，指那种畏惧美好和神圣事物的心理障碍。

2. 学习类型论

罗杰斯将学习分为两类，即无意义学习和有意义学习。

（1）无意义学习

罗杰斯认为，无意义学习只涉及心智，它不涉及人的感情或个人意义，与完整的人无关。无意义学习类似于无意义音节的学习。学生要记住这些无意义音节是一项困难的任务，因为它们是枯燥乏味、无关紧要、很快就会忘记的东西。在罗杰斯看来，学生在课堂里学习的内容，对他们来说，有许多都具有这种无意义的性质。几乎每个学生都会发现，他们的课程中有很大一部分内容对自己是无意义的。

（2）有意义学习

有意义学习不仅是一种增长知识的学习，而且是一种将每个人各部分经验都融合在一起的学习，是一种使个体的行为、态度、个性以及针对未来的行动方针发生重大变化的学习。例如，一个5岁小孩迁居到另一个国家，在不进行任何语言教学的情况下，让他每天与新的小伙伴一起自由地玩耍，他在几个月内就会掌握一种新的语言，而且还会习得当地的口音。原因就在于他是以一种对自己有意义的方式去学习新语言的，所以学习速度极快。倘若请一个专门的语言教师去教他，在教学过程中只使用对教师有意义的材料，那么他的学习进程将会极其缓慢，甚至停滞不前。罗杰斯认为，有意义学习能将逻辑与直觉、理智与情感、概念与经验、观念与意义等结合在一起。

罗杰斯认为，有意义学习包括如下四个要素。

其一，学习具有个人参与的性质，即将整个人的认知和情感都投入学习活动之中。

其二，学习是自我发起的，学生由于内在的愿望主动去探索、发现和了解事件的意义。

其三，学习是渗透性的，它会使学生的行为、态度乃至个性发生变化。

其四，学习的成效是由学生自己评价的，学生自己评估自己的学习需求、学习目标等是否完成，因为只有学生最清楚某种学习是否满足自己的需要，是否有助于获取他想要知道的东西，是否帮助自己明了原来不甚清楚的方面。

3. 学习实质论

人本主义心理学指出学习的实质是形成与获得经验，学习的过程就是形成与获得经验的过程。在人本主义心理学的基础上，人本主义学习理论则从以下四个方面来解释学习的实质。

（1）学习即“形成”

人本主义学习理论重视学习方法的学习和掌握，强调在学习过程中获得知识和经验。在实际学习过程中，很多有意义的知识或经验不是从现成的知识中学到的，而是在实践的过程中获得的。学生通过参加学习活动，进行自我发现、自我评价和自我创造，从而获得有价值的、有意义的经验，包括学习的方法或经验。所以，最有用的学习是学会如何进行学习。

（2）学习即理解

罗杰斯认为，个人学习不单纯只是刺激和反应之间的连接的总和，而是一个心理过程，是个人对知觉的解释。具有不同经验的两个人在知觉同一事物时，往往会出现不一致的反应。这是因为两个人对知觉的解释不同，所以他们所认识的世界以及对这个世界的反应也不同。因此，要了解一个学生的学习过程，关键是要了解学生对外界情境或刺激的解释，而不是只了解外界情境或刺激。

（3）学习即潜能的发挥

人本主义心理学家认为，人类具有学习的自然倾向或学习的内在潜能，人类的学习是一种自发的、有目的、有选择的学习过程。人本主义的学习观将学生看作一个有目的、能够选择和塑造自己行为并从中得到满足的人。因此，教学的任务就是创设一种能够有效激发学生学习潜能的情境，以使学生的潜能得到充分发挥。罗杰斯强调教学要以学生为中心，教师的任务是帮助学生增强对自我和变化的环境的理解。此外，人本主义学习理论还强调学习过程应该是一个愉快的过程，在教学中不应将强迫、惩罚和约束作为促进学生学习的方法。

(4) 学习是对学生有价值的学习

马斯洛和罗杰斯都强调，学习的内容应该是对学生有价值、有意义的知识或经验。罗杰斯认为，只有当学生真正地了解所学内容的用处，学习才能成为最好的、最有效的学习。通常来说，学生对感兴趣并认为是有用处、有价值的经验或技能比较容易学习和保持；而对那些认为是价值小且效用不大的经验或技能通常学习起来很困难，也容易遗忘。人本主义学习观提示教师要尊重学生的兴趣和爱好，尊重学生自我实现的需要，在课程内容的设置上给学生充分的自由，允许学生根据自己的兴趣和爱好以及自我需要来选择有关的学习内容。

(三) 认知心理学

认知主义学习理论是通过研究人的认知过程来探索学习规律的学习理论。认知主义学习理论倡导者认为，学习就是面对当前的问题情境，在内心经过积极的组织，从而形成和发展认知结构的过程。他们强调刺激与反应之间的联系以意识为中介，强调认知过程的重要性。认知主义学习理论的代表人物有很多，其中皮亚杰 (Jean Piaget) 是最杰出的一个。皮亚杰创立了日内瓦学派和信息加工心理学，运用信息加工的观点研究人的认知活动。

皮亚杰认为，一个人的知识无论多么高深、复杂，都可以追溯到他的童年，甚至是胚胎时期。皮亚杰的理论试图以认知的社会、历史根源以及认知所依据的概念和"运算"的心理起源为依据来解释认知，尤其是科学认知。在皮亚杰看来，人出生以后如何形成认知和发展思维、受哪些因素制约、各种不同水平的智力及思维结构是如何先后出现等问题都值得研究。因此，他的研究主要集中在两个方面：认知发展的阶段性问题和认知发展的机制。其中，认知发展的阶段理论最具有广泛意义。皮亚杰从认知图式的性质出发，将儿童的认知发展划分为以下四个阶段。

（1）感知运动阶段（0～2岁）。在这一阶段，儿童处于智力与思维萌芽的阶段，儿童主要靠感觉和动作来认识周围世界。

（2）前运算阶段（2～7岁）。在这一阶段，儿童脑海里开始有事物的表象，并且能够用词代表头脑中的表象，认知开始具备符号功能。尽管他们能够进行初级的抽象，并且能够理解初级概念，但是在他们的认知结构中，知觉表象仍占有优势，他们的主要思维形式仍然是形象思维和直觉思维。

（3）具体运算阶段（7～11岁）。在这一阶段，儿童的思维水平有了实质的变化。他们的认知结构中有了抽象的概念，并具备了一定的逻辑推理能力。此时，借助具体事物和形象，儿童可以做出一定程度的推理。

（4）形式运算阶段（11～15岁以后）。在这一阶段，儿童逐渐摆脱了具体实际经验对推理的控制，能够做到不借助具体事物就做出符号形式的推理假设。

在影响人的心理发展的因素上，皮亚杰认为成熟、练习和经验、社会性经验、平衡化是四个基本因素。

总之，认知心理学冲破了行为主义对心理学的禁锢，对原先无法探测的大脑活动过程进行科学的抽象，将其简化为可以直接观察的心理模型。认知心理学通过客观方法研究更加高级和复杂的认知活动，使人类对自身的认识向前推进了一大步。

第二节　高校英语教学的构成因素

一、教师

教师是教学活动的组织者，也是影响教学效果的最重要变量之一。教师的主导作用是在与学生的交往中得以发挥的。教师在教学过程中，除了要充分发挥自身的主导作用外，更要注重自身素质的提高。一名合格的英语教师应该具备以下三个方面的基本素质。

（一）专业素养

教师专业方面的素养包括如下几个方面。

1. 综合教学能力

综合教学技能是指在英语教学中所需要的除语言本身之外的教学能力，主要包括书写、唱歌、绘画、制作、表演等能力。较高水平的综合教学技能要求包括：①能写，即书写字迹工整规范；②能唱，即能够结合学生学习的进程编写、教唱学生喜爱的英文歌曲；③会画，即会画简笔画，并能运用于教学中；④会制作，即能够设计和制作适用于教学的各种教具，包括幻灯片、录像、电脑软件等；⑤善表演，即能够充分利用体态语言，以丰富的表情、协调的动作表达意义或情感，做到有声有色。

2. 系统的教学理论知识

系统的教学理论知识也是英语教师必须掌握的。所谓系统的教学理论知识，是指教师除了要具备教育学、心理学理论知识以外，还要掌握英语教学理论知识，主要包括现代语言知识、英语习得理论知识和英语教学法知识等。

3. 较高的语言水平

较高的语言水平是一名英语教师的基础，主要包括扎实的语言专业知识和较高水平的语言技能。教师不仅要具备标准的英语发音、系统的语法知识，还要具备较大的词汇量，以实现良好的听、说、读、写能力。较高的语言水平是开展教学活动的基本保障，教师只有具备较高的语言水平，才能全面地掌握教材，才能向学生传授英语语言知识，培养学生的英语语言技能。

4. 英语教学的组织能力

英语教学的组织能力主要指教师动员和组织学生集体进行学习的能力。这一能力主要表现在教师有效地掌握课堂、有效地动员学生积极参与学习等方面。在有效掌握课堂方面，教师要做到以下几点。

（1）注意教材内容、自己的言语和表达。

（2）注意学生理解和表达的正确性，包括语音、语法、词汇及思想表达等方面的内容。

（3）注意学生情绪和课堂纪律。

（4）注意掌握学生的注意力。

做到以上几点，教师才可以使课堂教学井然有序。要想有效动员学生积极参与学习，教师需要具有一定的创造性。教师一进课堂就会进入一种创造性的境界，思维活跃，能够很容易地自由运用知识技能，从而使学生愿意全身心地投入教师引导的学习活动中。教师会说一口流利的英语本身就是动员学生的一种力量，教师发音要清晰、准确、流利，内容易懂、明确。教师还要能根据学生的语言水平来组织自己的语言，使用学生学习过的词汇和语法结构。

5. 传授和培养英语知识技能的能力

（1）教师要善于讲解

讲解是所有教师所必须具备的最主要、最基本的工作能力。一名合格的教师要善于将复杂的教学内容变得通俗易懂，能够深入浅出地进行讲解。为此，教师不仅要充分了解学生的心理、生理特点以及学生的英语水平，还要认真细致地做好备课，并且要根据不同的内容选择恰当的讲授方法，在讲解的过程中还要做到重点突出。

（2）教师要善于示范

英语教学既要传授知识，又要培养技能。学生语言技能的训练包括发音、书写、朗读、说话，这些都需要教师进行示范，然后学生对教师的示范进行模仿。教师要将示范和讲解相结合，用示范配合讲解，或者用讲解来突出示范的重点，做到示范正确标准。由于示范是为了让学生进行模仿，因此还要与学生的实践相结合。

（3）教师要善于提问启发

向学生提问是英语教学的重要手段，教师要善于使用这一手段。例如：在讲授新知识之前通过提问来复习旧知识；用提问的方式检查与复习讲授的内容。使用提问教学手段时教师要注意两点：一是提出的问题要切合学生的实际水平；二是提问要注意调动全班学生的积极性。

（4）教师要善于引导学生进行练习

语言技能的培养需要大量的语言实践，如语音练习、语法练习、口语表达练习、听力培养练习、阅读练习、写作练习等。教师要熟悉各种练习形式的作用，并在英语课堂教学中引导学生进行各种练习活动，有效培养学生的语言技能。

（5）教师要善于纠正学生言语中的错误

学生学习英语是一个逐步进步的学习过程，学生在这个过程中难免会出现错误。有些错误是学生可以自行改正的，教师对此类错误不必纠正；而对于有些必须纠正的错误，教师也应该有策略、有技巧地进行纠正。哪些错误需要纠正，哪些错误不需纠正，在何时纠正，如何纠正，这些问题都反映着教师的教学实践素质。

6. 较强的科研能力

以往的英语教学只要求教师具备一定的语言水平和教学水平，随着时代的发展，教育对教师提出了新的要求。教师除了要具备一定的语言水平和教学水平外，还要具备较强的教育科研意识和科研能力。

一名优秀的英语教师不仅是教学的实践者，还是科研的参与者，是英语教学与学习规律的研究者。长期以来，我国的英语教学在很大程度上照搬国外的英语教学理论和教学方法，这在一定程度上促进了我国英语教学的发展。但是由于这些理论和方法大多是针对第二语言学习者提出的，且中国的英语教学具有自己独特的语言文化背景，中国的学生具有自己独特的生理与心理特点，因此这些理论与方法并不一定适合我国的英语教学。为了提升我国英语教学的效果，我国不应仅满足于借鉴国外的教学理论与方法，还应结合我国的教学实践，通过融合与创新，努力探索具有中国特色的英语教学之路。为此，教师应该结合自己的教学经验和教学实践，通过不断调查研究教学实践过程，分析总结经验，改进教学，并将其中成功的经验上升为新的理论，丰富我国的英语教学实践，促进我国英语教学的发展。

（二）师德素养

师德是教师最重要的素养，也是教师从事教育教学活动的动力源泉。师德决定着教师对学生的热爱、对事业的忠诚、对教学的执着追求和对人格的塑造。同时，师德还直接影响着学生的成长。因此，英语教师必须具有坚定的理想信念和科学的世界观、人生观、价值观，忠于人民的教育事业，具有爱岗敬业的奉献精神，热爱学生。教师只有自身真正懂得奉献、坚持公正、具有责任感，才能言传身教。

（三）人格素养

人格素养是教师素养的综合体现。“学高为师，身正为范”概括了教师的职业特征和专业特征，同时也概括了现在社会对英语教师人格塑造的要求。一名优秀的英语教师应具有高尚的道德品行、令人愉快的个人性格、谦逊好学的品质、正确的自我意识、良好的心理素质、幽默的语言表达、和谐的人际交往、端庄的仪表风度、崇高的审美素质、积极耐心的工作态度、丰富的教学经验等。这些方面并不是孤立的，而是相互联系、相互影响的。

二、学生

学生是英语课堂教学的主体和中心。每个学生都是独特的个体，他们之间存在着各种差异，这些差异体现在语言潜能、认知风格、学习动机、学习态度以及自身性格等方面，而且这些差异使他们理解和掌握新知识的速度和程度不尽相同。这里重点分析一下学生在各方面存在的差异。

（一）语言潜能差异

语言潜能是学习英语所需要的认知素质，或是学习英语的能力倾向，它是一种固定的天资。努力提高学生的英语素质就是要培养学生的综合语言运用能力，而语言潜能的存在意义正是就学生的认知素质来预测其学习英语的潜在能力。卡洛尔（David W. Carroll）提出学习英语的能力倾向应包括以下几种。

（1）语音编码、解码能力，即关于输入处理语言的能力。

（2）归纳性语言学习能力，它是有关语言材料的组织和操作能力。

（3）语法敏感性，它是从语言材料中推断语言规则的能力。

（4）联想记忆能力，它是关于新材料的吸收和同化能力。

不同学生的语言潜能存在着差异。在教学过程中，教师应了解学生的语言潜能，进而因材施教，使学生针对不同的学习任务在不同场合发挥各自的长处，以达到事半功倍的效果。

（二）认知风格差异

认知风格是指人在信息加工（包括接受、储存、转化、提取和使用）过程中，表现出来的认知组织和认知功能方面的持久一贯的风格，它既包括个体知觉、记忆、思维等认知过程方面的差异，也包括个体态度、动机等认知功能与认知能力方面的差异。不同的学习个体有不同的认知风格。应该说，不同的认知风格各有其优势和劣势，但这并不代表学生的学习成绩有差别。学生可以有各自偏爱的信息加工方式，在学习不同材料时各有所长。当学生的认知风格与教师的教学风格、学习环境中的其他因素相吻合时，学生的学习成绩会更好。因此，教师应了解并尊重不同学生的认知风格类型，针对不同的学习任务和学习环境因材施教，妥善引导，使自己的教学特点与学生的需要有机联系，进而取得良好的教学效果。

（三）情感因素差异

情感因素差异主要涉及以下几个方面。

1. 学习动机

学习动机是指激发个体进行学习活动，维持已引起的学习活动，并使行为朝向一定的学习目标的一种内在过程或内部心理状态。这是直接推动学生进行英语学习的内部动力，是影响英语学习成绩的一个关键因素。学习动机来源于学习活动，也是学习活动得以发动、维持、完成的重要条件，并且会影响学习效果。

2. 性格

性格是指一个人对现实的态度和行为方式，是学生的重要情感因素，也是决定其英语学习成功与否的关键因素之一。人的性格大体可以分为外向型和内向型两种。埃利斯（Albert Ellis）认为，外向型的性格有利于交际方面的学习，因外向型学生喜欢交际，不怕出错，所以能积极参与英语学习活动，并在活动中寻求更多的学习机会；而内向型的学生在发展认知型学术语言能力上更占优势，因其善于利用沉静的性格从事阅读和写作。对教师来说，研究学生性格差异的最终目的是充分了解学生的个体差异和不同的心理状态，发挥不同性格学生的优势，因材施教，以获得更理想的教学效果。

3. 态度

态度指个体对待他人或事物的稳定的心理倾向或为达到某种目的而做出的一定努力，是影响英语学习的重要因素之一。态度包括三个方面：①情感成分，即对某一个目标的好恶程度；②认知成分，即对某一个目标的信念；③意动成分，即对某一个目标的行动意向以及实际行动。一般来说，对异国文化抱有好感，向往其生活方式，渴望了解其历史、文化和社会习俗的学生，对其文化与语言会持积极的态度，可以获得良好的学习效果。反之，对异国文化抱有轻蔑、厌恶甚至仇视态度的学生，则很难认真了解该文化并学好该语言。此外，学生对学习材料、教学活动的组织形式及对教师的态度，都会影响到他们英语学习的效果。

教师对学生个体的差异进行分析是为了能够根据学生的个体差异制订教学计划，选择适合的教学材料和方法，因此这种分析具有重要的实践意义。

三、教学内容

教学内容是连接学生和教师的桥梁，也是教学实践中一个不可或缺的构成因素。所谓教学内容，是指在教学活动中为实现教学目标，师生共同作用的知识、技巧、技能、思想、观点、概念、事实、问题、行为习惯等的总和。教学内容是一种特殊的知识系统，既不同于语言知识本身，也不同于日常经历；既要考虑英语学科本身的知识体系，又要考虑学生的年龄特点和实际需求等。一般来说，教学内容包括以下几个方面。

（一）语言知识

基础语言知识是英语综合运用能力的有机组成部分，是语言学习和语言运用的重要内容之一。没有扎实的语言知识，就不可能具有较强的语言能力。

（二）语言技能

“听、说、读、写”是学习和运用语言必备的四项基本语言技能，是形成综合语言运用能力的重要基础和手段。听是分辨和理解话语的能力；说是运用口语表达思想、输出信息的能力；读是辨认和理解书面语言的能力；写是运用书面语表达思想、输出信息的能力。学生通过大量听、说、读、写的专项和综合性语言实践活动，可以形成这四种技能的综合运用能力，为真实语言交际奠定基础。

（三）情感态度

所谓情感态度，是指兴趣、动机、自信、意志和合作精神等影响学生学习过程和学习效果的相关因素，还有在学习过程中逐渐形成的国家意识和国际视野。在教学中，教师应不断激发并强化学生的学习兴趣，引导他们将兴趣转化为稳定的学习动机，树立自信心，磨炼克服困难的意志，认识学习的优势与不足，乐于与他人合作，养成和谐、健康的品格。

（四）文化意识

在英语教学中，文化指所学语言国家的历史地理、风土人情、传统习俗、生活方式、文学艺术、行为规范、价值观念等。接触和了解英语国家文化有益于学生对英语的理解和使用，也有益于加深他们对本国文化的理解与认识，更有利于提高他们的人文素养，培养他们的世界意识。因此，教师在教学中要根据学生的年龄特点和认知能力主动向学生渗透文化意识。

（五）学习策略

学习策略是指学生为实现有效的学习和发展而采取的各种行动和步骤。英语学习的策略包括认知策略、调控策略、交际策略和资源策略等。培养学习策略有助于学生有效学习英语，为终身学习奠定基础。使用有效的英语学习策略，可以改进英语学习方式，提升学习效果，还可以让学生学会如何学习，从而培养学生自主的终身学习能力。因此，教师要有意识地帮助学生形成适合自己的学习策略，帮助学生对自己的学习过程和效果进行监控和反思，培养学生根据学习风格不断调整学习策略的能力，引导学生观察他人的学习策略，与他人交流学习体会，尝试不同的学习策略。

教材是教学内容的重要载体。在新课程改革中，教材是重要的教育教学因素。教材是教师用来教学的材料，也是学生用来学习的材料。简单地说，教材是为教师的“教”和学生的“学”服务的，是课堂的必需要素。然而，教材是死的，学生却是不断变化的，而且任何教材的编写都会受到编者水平和资料的限制，不可避免地存在缺点和不足。如果教师一味地以完成教学任务为目的，忽略学生的反应，按部就班地使用教材，恐怕很难起到促进学习的作用。因此，在教学过程中，教师应灵活处理不同的教材，在课上或课下询问学生的感受，据此及时调整教学的方法和进度。

四、教学环境

任何教学活动都是在一定的教学环境中进行的，教学环境是教学活动的基本要素之一，是开展教学活动的依托。同样，英语教学也必须在现实的英语教育环境中进行，所以英语教育受制于环境这一因素。

（一）教学环境的构成要素

英语教学环境是指英语教学赖以进行的实际条件，即能稳定教学结构、制约教学运作、促进个体发展的教育条件和环境因素。环境因素是制约和影响英语教学活动和效果的外部条件。教学环境主要由以下几个要素构成。

1. 学校环境

学校是为学生提供学习场所和学习手段的最佳环境，它对英语教学的影响更为重要和直接，它决定着绝大多数学生英语学习的成败。学校环境主要包括课堂教学、接触英语的频率、班级的大小、教学设施、教学资料、英语课外活动、英语教师、其他教职工对英语的态度及其英语水平、校风班风和师生人际关系等。

2. 社会环境

社会环境是影响和制约英语教学过程的重要因素。它主要指社会制度、国家的教育方针、英语教育政策、经济发展状况、科学技术水平、人文精神、社会群体对英语学习的态度，以及社会对英语的需求程度等。社会环境因素是英语教学向前发展的动力，对英语教学具有重要的导向作用。

3. 个人环境

个人环境主要包括：学生的家庭成员及其同学朋友的社会地位、物质生活条件、文化水平、职业特点和对英语学习的态度与经验；成员之间的关系及感情；学生的经济状况，拥有的英语学习设备和用具；等等。个人环境也会对学生的英语学习产生一定程度的影响。

（二）教学环境对英语教学的意义

成功的英语语言学习活动离不开其得以存在、发展、交流、应用的各种环境因素。教学环境是学生学习活动赖以进行的主要环境，潜在地影响着教学活动的效果。教学环境对英语教学的意义主要表现在以下几个方面。

(1) 促进教师在教学中更加努力地营造良好的英语课堂教学环境，充分利用现代化教学手段与教学资源，优化教学环境，提高学生对英语的运用能力。

(2) 可以帮助教师正确认识环境对学生英语学习的客观影响，结合中国的英语教学实际，理性地分析、判断和选择外国的英语教学理论和教学方法。

（3）可以帮助教师有效地加工语言输入材料，科学地设计语言练习，创设良好的课堂英语使用环境。

（4）有利于教师不断学习和实践优化课堂教学环境的策略，也有利于他们在创设良好的英语教学环境的过程中，提高自身的教学素质。

五、教学方法

语言教学教无定法，贵在有法。在英语教学历史上，有多种教学方法都曾经发挥过重要作用，有效地促进了英语教学的发展。例如，翻译法、直接法、自觉对比法、听说法、视听法、认知法、功能法，以及由此派生出来的口语法、全身反应法、自然法、沉默法、暗示法、交际法等。但是，实践证明，没有哪一种教学方法是最好的、最有效的，也没有哪一种方法适用于所有时期、所有地区、所有教学内容。如果一个教师在英语教学中，采用一成不变的教学方法，必然会使学生感到厌烦。而且，不同的教学方法对不同的语言知识、语言技能各有侧重，只有综合、灵活地运用各种教学方法，才能有效促进学生英语能力的提高，才有利于学生英语水平的全面发展。

在英语教学中，教师应该注意无论使用什么样的教学方法，都必须以学生的语言交际作为教学的出发点。尽量将教学与日常实际生活结合起来，鼓励学生有创造性地、有目的地运用已学语言材料，在新的生活场景中重新组织语句，表达自己的感情。同时，教师应力求使教学过程交际化，教材内容选自真实生活中的自然交际，适合学生的年龄，对处于不同阶段的学生采取不同的教学方法。

第三节　高校英语教学开展的原则

一、以学生为中心原则

学生是教学活动的主体与内在因素，英语教学要以学生为中心，充分发挥学生的主观能动性，提高教学效率。在英语教学中，实施学生中心原则要求教师从两个方面着手：一是教材分析要以学生为中心；二是教学方法与手段的选择要以学生为中心。

（一）教材分析要以学生为中心

在进行教材分析时，教师应充分理解并把握教学内容，了解学生在不同阶段的实际情况以及学生的学习能力状况，以此作为调整教学目标与任务的依据。教师还要根据学生的需要，对教材内容和活动进行心理化处理和最优化处理，使教材与学生的经验与体验结合起来，将教材内容变成问题的链接和师生对话的中介，使教材更好地服务于教学。

（二）教学方法和手段的选择要以学生为中心

在英语教学过程中，教师应选取多样化的教学方法和手段，做到以学生为中心。直观的教学方法可以使学生直接感受和理解语言，通过“视、听、说”可以激发学生参与的兴趣，强化记忆。形象化教学手段可以适应学生的直觉思维特点，因此教师可选择一些有利于激发学生兴趣和好奇心的媒体，如幻灯片、投影、模型、录音、图片等，使学生积极地参与课堂学习，自然地感知语言，满足个人的需求。

二、循序渐进原则

英语教学的循序渐进原则主要包括以下三层含义。

（1）语言的学习应从口语开始，然后逐渐过渡到书面语。英语包括两种形式：口语和书面语，且口语早于书面语出现。与书面语相比，口语词汇通常较为常用，句子结构简单，学习起来比较容易。学生通过口语的学习可以尽快地获得交际技能，满足日常交际的需要，这样就达到了学用结合的目的。

（2）就“听、说、读、写”等语言技能的培养而言，教师应该首先培养学生的“听、说”能力，其次逐渐过渡到“读、写”技能的培养上。“听、说、读、写”是英语的四项基本技能，应该全面发展，但是在不同的阶段，侧重点应有所不同。“听、说”教学能使学生掌握基础的语言知识，包括语音、词汇、句子结构等，这为“读、写”能力的培养奠定了基础。因此，在英语学习的初级阶段，教师应加强“听、说”的教学，然后再逐步向“读、写”教学过渡。

（3）英语语言知识的积累、语言技能的培养以及使用语言的能力的完成与提高是一个循序渐进的过程。学习英语是一个螺旋式发展的过程，需要反复地循环，但这种循环并非单一地重复，每一次重复应在难度和深度上都有所突破。此外，循环往复要求教学中要做到以旧带新，从已知到未知。因此，教师应以学生已有的语言知识和已熟悉的语言技能为出发点，传授新知识，培养新技能。

三、输入优先原则

英语教学要坚持输入优先原则。所谓输入和输出，是指学生通过听和读接触英语语言材料，通过说和写来进行表达。语言输入的量越大、质量越好，语言输出的能力就越强。可见，输入是输出的基础。

输入优先原则的主要依据是埃利斯（Rod Ellis）在其著作《第二语言习得》中对语言输入三方面特点的总结和归纳，包括：①可理解性，是对所输入语言材料的理解；②趣味性和恰当性，指学生对所输入的语言材料要感兴趣；③足够的输入量。足够的输入量在英语教学中至关重要，但目前英语教学对此点有所忽视。

基于埃利斯对语言输入三方面特点的总结，在英语教学中坚持输入优先原则要注意以下几个方面。

（1）注重输入内容和输入形式的多样化。输入形式包括声音、图像、文字等，语言题材和体裁要内容广泛、来源多样。例如，利用在日常生活中每天都会接触的文具、衣服、道路标志、电器等就可以帮助学生潜移默化地学到许多英语。

（2）教师可以通过视听、听和读等多种手段，尽可能多地给学生可理解的语言输入。教师应该打破课内外的界限，利用贴近学生日常生活和学习、适合学生英语水平、具有时代特色的读物，扩大学生的语言接触面，增加学生的语言输入量，以帮助学生更好地学习英语。

（3）着重强调学生的理解能力，为学生提供的语言材料要切合学生的实际情况，具有可理解性与趣味性。向学生输入的材料要符合学生的现有水平，只要求学生理解，不要求学生即刻输出。从教学方法而言，这也坚持了先输入、后输出的原则。然而仅依靠语言的输入不可能掌握英语并形成综合运用英语的能力，还需要适当的口头和笔头的练习来检验和促进语言的输入。

（4）鼓励学生进行模仿。有效的模仿是模拟生活中的真实情景，注意语言结构所表达的内容。换句话说，模仿最好是让学生身临其境地去使用所要模仿的语言。例如，在结对练习、小组练习的时候，让学生根据实际情况使用所学习的语言，这样才能把声音和语言的意义结合起来，学生才会在课外运用所学语言。模仿是在优先输入语言的基础上，对语言进行的有效输出实践。

四、兴趣性原则

在英语教学中，教师应意识到兴趣的巨大作用，尽可能调动学生的内在动机，激发学生对英语学习的主观愿望，以获得更好的教学效果。在英语教学中，教师可从以下几个方面入手来调动学生的学习兴趣。

（1）尊重学生的主体性，充分了解学生的特点。教师必须清楚地认识到学生是英语课堂的主体，学生通过积极主动的尝试与创造，才能获得认知和语言能力的发展，教学活动也才能达到预期的效果。教师要根据学生的心理和生理特点，遵循语言学习规律，采用多种教学方式，让学生通过体验和实践进行学习，从而形成语感，提高交流能力。

（2）改变强调死记硬背、机械练习的教学方式以及传统的英语测试方式。英语学习需要一定的死记硬背和机械练习，但如果机械练习太多，则很容易使学生降低甚至失去学习英语的兴趣。为此，教师应该以学生感兴趣的方式帮助学生获取知识，使他们在获得交际能力的同时，相应提高综合素质。

（3）对教材进行深度挖掘。教师在备课过程中，应认真地研究教材，挖掘教材中学生感兴趣的内容与话题，使每节课都有学生感兴趣的内容和活动，最大限度地调动学生的积极性。

五、系统性原则

在英语教学过程中要遵循系统性原则，目的是使学生对所学内容能有比较系统、完整的概念，在各部分知识之间和新旧知识之间建立有机的联系，在消化所学内容时思路清晰而有层次。具体来说，系统性原则主要涉及以下几点。

（一）系统安排教学工作

英语教学工作的安排要有计划性，要求做到以下几点。

（1）教师要有计划地备课。例如，一篇课文要上八课时，在备课时要一下子备完，不能今天上两节课就备两节课的内容，要一次备好。

（2）教师的讲解要逐步深入、条理分明、前后连贯、新旧联系、突出重点，一环套一环，一课连一课，形成一个有机而系统的体系。

（3）教学的步骤和培养技能的方法应该符合掌握语言的过程。要根据课程的最终教学目的，由易到难，逐步提高要求。

（4）练习布置要具有计划性。要先进行训练性练习，然后再进行检查性练习。此外，练习的形式要具有体系性，相同的练习形式也要有不同的要求。

（5）布置的家庭作业和讲课的重点应当密切结合。每次作业要有明确的目的，课内课外要通盘考虑。

（6）要经常检查学生掌握知识和技能的情况，每堂课要有一定的提问并做相应的记录，这可以对学生起到督促的作用。对于学生的平时成绩不能仅凭教师的印象来评定，因此平时对学生所做的口、笔头作业要有记录。

（二）系统安排教学内容

英语教学内容的安排要有严密的计划和顺序。例如，低年级英语教学内容的安排应是圆周式的，对系统不要机械地去理解，切忌直接搬用科学的系统。教师应该按教科书的安排特点和班级的情况合理组织讲课的内容，确定讲课的重点。当出现一个生词时，不要急于一次就把这个生词的所有意义、用法全部教给学生；当教授一条新的语法规则时，不要一次性向学生交代有关这条规则的全部知识，要将知识分步教给学生。教学内容的安排应该服从教学的系统，这样才能由浅入深、由易到难，由分散到系统。

（三）系统安排学生学习

教师要指导学生进行连贯的学习。学习要循序渐进，要经常、持久、连贯地学习。因此，教师在教育学生时要有恒心，及时地带领学生进行复习和做好功课。此外，教师还要指导学生处理好平时和期末的关系。必须向学生明确，将学习重点放在平时，平时训练要从难从严。坚决反对那种平时学习不努力，期末考试前“临时抱佛脚”“突击开夜车”的做法。此外，教师还要经常关心和指导学生的学习方法，并针对学生的个人特点因材施教。

六、真实性原则

在英语教学中，坚持真实性原则就是要在教学各个环节上做到真实，以培养学生综合语言运用能力为总目标，以交际法和任务型教学为策略，使学生在真实环境中获得真实语言能力。语用真实是真实性原则的重要内涵。

在英语教学中，教师要实现语用真实，应做到：把握真实语言运用的目的，采用语用真实的教学内容，设计组织语用真实的教学活动，设计语用真实的教学检测评估方案。

（一）把握真实语言运用的目的

英语教学的最终目的是培养学生的综合语言运用能力，这种能力实际上就是一种语用能力。这里的语用目的是指教学内容体现在语用能力方面的教学目的，主要表现在以下三个方面。

（1）语句的语用功能目的。

（2）对话语篇的语用功能目的。

（3）短文语篇的语用功能目的。

（二）采用语用真实的教学内容

在教学开始之前，教师应从语用的角度对课文进行详细全面的分析。教师要研究语句使用的真实语境，准确把握课文中所有语句的真实语用内涵，选用语用真实的例句来教学。这样就可以在教学前就指向语用教学，从而保证学生能够获得语用真实的英语运用能力。

（三）设计组织语用真实的教学活动

对学生语用能力的培养应贯穿整个英语教学过程，因此教师应基于语用真实的指导思想来设计教学活动，将语用能力的培养与呈现、讲解、例释、训练、巩固等课堂教学活动紧密结合起来。

（四）设计语用真实的教学检测评估方案

教学检测评估对教与学都具有重要的反拨作用。设计语用真实的教学检测评估方案，可以找出学生的语用能力的不足之处，从而对教学进行有针对性的调整与改进。此外，语用真实会引导学生更加自觉地把握学习内容的真实语用内涵，强化学生运用英语的自我意识。

七、课内外活动相结合原则

在教学实践中，要遵循课内与课外活动相结合原则，主要是因为二者之间存在的互补性。这种互补性具体体现在以下两个方面。

（1）课外活动具有自愿性和选择性，学生可以根据自己的兴趣爱好自愿选择参加活动。课内活动一般是非自愿的，也是无法自由选择的。课内活动必须按照规定的教学大纲有序进行，一般具有统一的课程和课时，这样可以保证全班同学在相同的教育过程中保持相同的步调，既有利于培养学生个性的共同点，又有利于学生系统地习得语言知识。而课外活动则基本上是以学生的兴趣为主，遵循学生的自愿性进行。

（2）课外活动是真正以学生为中心、由学生独立进行和完成的教学活动，教师只是在有需要的情况下提供适当的帮助。因此课外活动更能发挥学生的主动性和独立性，更能培养学生自主学习的能力。相对而言，课堂教学活动则具有一定的局限性。

根据我国高校目前的英语教学现状，为了更好地将课堂教学与课外活动相结合，发挥它们的互补作用，我们就要在优化课堂教学的同时，加强课外活动。具体可从以下两个方面着手。

（1）激发学生在课堂活动中的主体积极性。课堂教学实际上是教师与学生以教学为中介的交互作用过程。这个过程能否发挥交互作用，很大程度上取决于学生的主体积极性。因此，如何激发学生的主体积极性就成为贯穿英语课堂教学始终的问题。

（2）减少课堂教学时间，提高课堂教学效率。高校应减少课堂教学时间，增加课外活动时间总量。与此同时，要提高课堂教学的效率，即师生以最少的时间和最小的体力、脑力耗费取得最大的教学效果。只有在减少教学时间的同时提高教学效率，才能保证整体的教学质量。

八、合理使用母语原则

在英语教学中，教师应当提倡学生多说英语、多用英语，但这并不意味着学生不能使用母语。在英语课堂上可以合理使用母语，利用母语帮助学生理解学习过程中的难点，这对提升教学效果有利无弊。合理使用母语原则，包括在英语教学中利用母语的优势和避免母语的干扰两个方面。

（一）利用母语的优势

教师在英语教学中要学会利用母语的优势，借助汉语对一些词义抽象的单词和复杂的句子加以解释。英语学习是在学生已经熟练掌握母语之后进行的学习实践。由于学生在英语学习之前对时间、地点以及空间等概念已经形成，也已学会了表达这些概念的语言手段，加上英汉两种语言在结构和使用方面的差异，学生在学习英语时会面临不少障碍。因此，利用母语的解释可以帮助学生更快、更好地学习和掌握英语的某些概念。适当地使用母语进行教学，有助于学生理解母语和英语之间的差异，了解英语结构和规则的特点，有助于师生之间的顺利沟通，也有助于深化学生对语言差异的理解和消化，从而提升学习效果。

（二）避免母语的干扰

母语交际先于英语第二语言的学习且已基本上被学生熟练掌握。英语的学习是个相当复杂的过程，母语的使用习惯可能会给英语学习带来障碍。在学习英语的过程中适当使用母语，用母语简单讲授英、汉两种语言在某一结构、某一用法上的差异和特点是可以的。但对母语优势的利用一定要掌握一个“度”，避免将母语的使用规则迁移到英语的学习上。如果过多地使用母语，会在很大程度上给英语的学习带来不利影响。在英语教学里合理使用母语，要注意以下几个方面。

（1）目前而言，随着科学的发展、教学方法的改进和现代教学手段的运用，母语主导的教学手段的效果日益减弱且劣势日益明显。英语教师要结合现代化教学设备，运用更加直观的教学手段从创造更大的教学空间。

（2）在英语教学中，学生对所学英语词句的理解是相对的。“理解”包括知道这些语言现象及知道其隐藏在现象后的本质。在初始阶段，教师没有必要引导学生过分追求本质，这主要是由于英语的很多用法是约定俗成的习惯，很多情况用逻辑推理不通。例如，“看电影”用“to see a film”，而“看电视”则说“to watch television”。

（3）在英语教学中，教师应控制使用母语的频率，尽量用英语上课。教师应尽量用通俗易懂的英语语句讲话，可以借助图画、实物、表情、手势等直观手段，也可以将关键词写在黑板上，使师生的交际能力在课堂教学中得到有效的提升。

总之，英语教学的过程要成为有意识地控制母语使用频率和有目的地以英语作为语言交际工具和媒介的过程。坚持合理使用母语原则才能更有效地优化教学效果。

九、最优化原则

在英语教学中，最优化原则体现在：教具选择最优化、教法选择最优化、结构安排最优化、角色搭配最优化、具体运用最优化。针对在非母语环境下进行英语教学的现状，教师要努力营造轻松自然的语言氛围，促进学生的语言习得。因此，多媒体软件和课件要便于学生操作和控制。具体来说，课件的内容、布局、导航图标性能、菜单功能设计以及学生的自由度，是影响学生操作和控制课件的主要因素。为了提高学习效率、减少学生的焦虑感、增强他们的学习兴趣和信心，课件应该从学生的需要出发，尽可能地使课件方便使用。

十、精讲多练原则

精讲多练原则既肯定了“讲”和“练”的作用，又明确了“讲”和“练”的地位。“讲”涉及的是语言知识，“练”涉及的是语言技能。下面进行具体分析。

（一）语言知识促进语言技能的培养

既然英语教学将交际能力作为培养目标，那么实践性就是英语教学的特点之一。在英语课上必须以语言实践为主，课堂上的绝大部分时间要用于实践。但是适当地传授语言知识，可以帮助学生更好地进行实践，提升学习的效果。语言知识讲授的范围、深度、方法和时机，要由语言实践和教学的需要来决定。例如，大家都知道游泳的本领是在水里练出来的，不下水是学不会游泳的，但是在下水之前，教师讲一讲游泳的要领，分解一下游泳的动作，学生在水里练习时就可以进步更快。

在初级阶段的英语教学中，教材简单并且每课只包含有限的句型和单词，通过反复练习就能熟练地掌握。中极阶段的教学重点是引导学生养成运用英语的习惯和正确的学习方法，语言材料的有限性使语言知识的讲授对学生的学习没有多大帮助。当英语教学向高级阶段推进、学生需要学习更多的句型和单词时，教师就需要使学生利用单词或句子间的关联来学习，并且从一些语言材料里总结出语法规则。在这一阶段，语言知识的讲授才能对学生发挥出应有的作用。然而，此时还是要注意精讲多练，不能喧宾夺主。

在英语教学的后期，语言知识的讲授有助于培养学生的自学能力。不是所有一切都在规则的统领之下，有时候最常用、最简单的单词，往往具有不合常规的词形变化和发音规则。这就要求学生多模仿教师、教师不要急于引导学生过多地追问为什么。精讲多练是学习英语稳妥而有效的方法，但随着学习进程的推进和学习内容的复杂化，就很有必要通过适当地讲授一些语言知识来发挥思维理解的作用。

（二）语言训练交际化

语言练习并不等于语言交际。前者关注的是语言形式，使学生在语言练习里掌握语言形式；后者关注的是语言内容，使学生和教师双方达到相互了解。例如，教师在课堂上举着书问“What's this?”学生回答“It's a book.”这不是语言交际而是语言练习。当教师介绍了 Abraham Lincoln 的故事后，问学生“What do you think about Abraham Lincoln? Why do you think so?”这不只是语言练习，还是语言交际。

1. 语言练习是交际能力培养的手段

英语教学中的语言练习包括三种练习形式：①机械练习，如句型练习等；②有意义的练习，如围绕课文或情景所进行的模仿、问答、复述等；③交际性练习，如联系自己的生活实际，利用课文里的词句叙述自己的思想、表达学习体会等。这三种练习形式在难度、与语言交际的接近程度上都在递进，体现出由练习到交际的进程。英语教学的目的是培养学生的英语交际能力，而不是使学生仅掌握语言形式。但是培养学生的交际能力，必须借助语言练习这个手段。二者对于英语教学目的的实现都非常重要，缺一不可。语言练习和语言交际相互联系、相互区别，有时没有明显的分界线。教师每次讲授新材料时，都要先进行机械练习，再进行有意义的练习，最后进行交际性练习，使学生最后能运用所学的新材料进行交际。不能把语言练习和语言交际对立起来，而是要看到它们之间的联系，一步一步地将语言练习推向语言交际。

2. 将交际情境融入课堂练习

教师应尽量将交际情境融入课堂练习，使课堂练习接近语言交际。教师应该创造一定的情境，多给学生一些用英语进行交际的机会，鼓励学生带着表情和肢体动作进行英语交际，要像演戏一样在课堂练习上复刻生活中的交际情境。在这个过程的开始阶段，有些教师和学生可能觉得不好意思，但是随着练习的增多，他们会逐渐习惯这种情况。教师借助适当的表情、肢体动作进行英语交际，不仅能增加说话的力量，还能够激发学生的兴趣，帮助学生记忆，从而提升教学效果。

3. 将交际形式融入课堂练习

教师应尽量将交际形式融入课堂练习，使英语课堂教学模拟日常生活中的交际形式，为学生在日常生活中使用课堂上所学的英语创造条件。日常交际形式包括：问候、打招呼；会话；自言自语；讲故事；对人、物、画面的介绍；请求、命令；解释或说明事物或问题；演说、做报告；写作文、写信等。英语教学可以采用这些形式进行课堂练习。在课堂上将生活里常见的交际形式训练到自然的程度，学生的交际能力就会逐渐提高。

英语课堂的活动包括教师组织教学，讲解单词、课文和语法，布置作业，对学生进行考核，以及学生请教师解答疑难问题等，所以教师和学生不缺乏用英语进行交际的机会。教师要努力将所学英语运用到师生间的交际中去，积极扩大使用英语的阵地，这样学生运用英语的习惯才能养成。除了注意在课堂上用英语进行练习，教师还要注意引导学生在课外活动和生活里使用英语。练习服务于使用，使用是对练习的检查和扩展。只有将练习和使用相结合，英语教学的目的才有可能实现。

第二章　高校英语教学的设计与优化

第一节　高校英语教学设计的内涵

一、教学与设计

教学作为人类的一种社会实践活动，是教师指导学生学习的教育活动，是学生在教师的指导下的学习活动，是教师与学生之间的知识与技能、过程与方法、情感态度与价值观的养成与传承活动。

在教学活动中，教师是教学活动的主体，学生也是教学活动的主体，因而教师和学生是交互主体，这为教师和学生在英语教学中地位的确立提出了原则和依据。教师要把这些原则应用于英语教学实践中，建立尊师爱生、民主平等的师生关系，积极创造一个良好的语言环境，调动学生的学习积极性，把英语教学搞好。正是教学的多主体性，使得教学需要多主体形成合力，才能实现教学目的。作为人类有目的的活动，教学活动应该具有明确的教学目的，并自始至终指向教学目的。

教学以培养人为目的，而通过教授的内容来培养人，则是培养人的关键，所以教学内容对人才培养至关重要。教育是人类有目的的活动，教学是学校教育最主要的教育活动，必须具有明确的目的。不同学科的教学虽然具有共同的教学目的，但也有各自不同的教学目标。在不同学段、学期、学年，在不同的教材、单元、课文、活动中，教学目的表现为不同的教学目标，而教学目标又可以分为不同的领域或层次。

教学活动的这些目的需要经过教师精心预设的教学活动、学生的学习活动以及师生之间的互动活动的实施才能达成。作为有经验的教学者，教师了解学习特性，设计出一系列的活动引导学生进入学习状态。学生在教师预设活动的引导下，内化学习内容，达成知识与技能、过程与方法、情感态度与价值观统一的学习目标。

在英语教学中，教师应结合语言学习的特点设计英语的课外活动，以促进英语学习。预设的教学活动是否达到了教学目标，需要通过活动评价来确定。评价不仅可以检测教学是否通过预设的活动达到目标，还可以作为确定教学目标的参考性依据。

教学是一种有计划的活动。作为有计划的活动，教学当然需要制订计划。制订教学计划，需要基于已知的教学因素。当人们根据已经确定的行动目标，基于已知的条件，制订某一行动计划，该活动就是一种设计活动。

二、教学设计的内涵

教学是教师有计划的活动，这种计划的方案可以通过有意识的设计来完成，这种设计就是教学设计。从教学设计实践的视角看，教学设计的内涵包括以下三点。

（一）教学设计是一项技术

对于教师而言，教学设计是一项能大力提升教学效果的技术，具有非常显著的实践操作性。著名教学设计学者梅瑞尔（David Merrill）指出，教学是一门科学，而教学设计是建立在教学科学这一坚实基础上的技术，因而教学也可以被认为是科学型的技术。教学的目的是使学生获得知识技能，教学设计的目的是创设促进学生掌握这些知识技能的学习环境。作为一项设计技术，教学设计显然是以提高教学的有效性为目的的。如何基于学习经验和学习环境设计出高效率的教学活动，是教学设计技术的重点。

教学设计作为一项技术，是建立在已知原理、方法和技术基础之上的。要掌握这一技术，显然需要掌握这些已知原理、方法和技术。教学设计作为一项技术，包括一套技术工具，掌握这些技术工具是实施教学设计的关键。

（二）教学设计是一个过程

教学作为一种活动，其本身就是一个过程。教学设计作为一种教学准备活动，自然也是由一系列可分解的活动组成的过程。教学设计一直被界定为用系统的方法来分析、研究和解决教学问题的方法和途径，是评价教学结果、修改和确定教学规划的过程。加涅（Robet Mills Gagne）指出，教学是以促进学习的方式影响学生的一系列事件，而教学设计是一个系统化规划教学系统的过程。肯普（J. E. Kemp）指出，教学系统设计是运用系统方法分析研究教学过程中相互联系的各部分的问题和需求，确定解决它们的方法步骤，然后评价教学成果的系统计划过程。史密斯（P. L. Swith）和雷根（T. J. Ragan）认为，教学设计是指运用系统方法，将学习理论与教学理论的原理转换成对教学资料、教学活动、信息资源和评价的具体计划的系统化过程。

我国的教学设计学者大多认为教学设计是一个过程。乌美娜指出，教学系统设计是运用系统方法分析教学问题和确定教学目标，建立解决教学问题的策略方案，试行解决方案，评价试行结果和对方案进行修改的过程。何克抗指出，教学设计主要是运用系统方法，将学习理论与教学理论的原理转换成对教学目标、教学内容、教学方法、教学策略、教学评价等环节进行具体计划，创设教与学的系统过程或程序，而创设教与学系统的根本目的是促进学生的学习。皮连生也认为，教学设计是运用现代学习与教学心理学、传播学、教学媒体论等相关的理论与技术，来分析教学中的问题和需要，设计解决方法，试行解决方法，评价试行结果，并在评价基础上改进设计的一个系统过程。它不是力求而是实际运用已知的教学规律去创造性地解决教学中的问题。

教学设计作为一个过程，教师自然应该把握其过程性。其过程性的特征说明，教学设计不是一个封闭的体系，而是一个在过程中不断开放的体系。只要学习的过程没有结束，教学设计的过程就没有结束。

（三）教学设计是一种理念

著名教学设计学者加涅（Robert Mills Gagne）明确指出："为什么我们用'教学'这个词而不用'教授'这个词呢？原因是，我们希望描述对人们的学习有直接影响的所有事件，而不是只描述由教师个人发起的那些事件。"这说明教学设计不是传统意义上的教学研究的分支，而是以学习理论为基础的现代教学研究的产物。学习理论正是教学设计的理论基础之一，教学设计也是一种以学习为基本对象的理念。

从教师的教学实践来看，教学设计是一种基于现代学习理论的现代教育技术。它是教师基于学生特征等学习需求分析，设计教学目标、教学过程、教学策略、教学技术，并进行评价反馈，以进行教学准备的过程。教学设计的技术与工具也可用于对课堂教学进行过程性、质量性分析。

在这个意义上说，教学设计是一种以学生为中心的预设教学活动的理念。只有把握了这一理念，才能真正理解和实践教学设计。显然，从以上分析可知，教学设计体现一种教学理念，是一种技术、一套工具、一个过程。这一技术和工具主要用于教学准备，也用于教学评价。教学设计不是一般意义的教学准备（备课）。一般的备课只是教师自己根据惯例进行教学准备的活动，没有必须使用的工具；教学设计则是一种具有自身的工具系统的技术，是一个不断修正的过程，更体现一种以学生为中心的教学理念。

三、教学设计的理论基础

对于教学设计的理论基础，存在"单基础说"（认知学习理论）、"双基础说"（传播理论、学习理论）、"三基础说"（学习理论、教学理论、传播理论）、"四基础说"（系统理论、学习理论、教学理论、传播理论）、"五基础说"（系统理论、学习理论、教学理论、传播理论、设计理论）、"六基础说"（系统理论、学习理论、教学理论、传播理论、设计理论、教育哲学）。本书认为，"五基础说"对于教学设计实践更有建设性意义。

教学设计的理论基础主要有三个方面：一是方法论层面的理论基础，这给予教学设计以哲学的意义，使教学设计不仅仅停留在教学层面；二是教与学的理论基础，这使得教学设计的探讨可以从根本做起，学习理论、教学理论这两个领域是教学设计的教与学理论基础的主要内容；三是技术基础，包括传播理论和设计理论两个领域。

（一）系统理论

系统是由若干要素以一定结构形式根据一定目的构成且具有某种功能的有机整体。人类自古就有系统思想，不过在 20 世纪出现的系统论，则是对系统思想的集中表达。系统论的核心思想是系统的整体性。系统论强调，整体大于部分之和。任何系统都是一个有机的整体，它不是各个部分的机械组合或简单相加。系统的整体功能是各要素在孤立状态下所没有的新性质。

系统论把世界上任何事物都看成一个系统，一切观察对象都是一个系统，主张从整体上分析系统的组成要素及其之间的关系、系统的结构和功能，以及系统、组成要素、环境三者的相互关系和变动的规律性，并根据分析的结果来调整系统的结构和各要素关系，使系统达到优化的目标。由此可见，教学也是一个系统，包括教师、学生、教学条件等组成部分，这些部分共同构成一个完整的系统。

系统论强调系统的整体性。教学作为一个系统，其教育目标应该是一个整体目标，教学的每一个环节都应该指向这一整体目标。教学过程更是一个整体，每一个具体的教学活动的存在都是为了构成一个完整的整体。系统内部具有一定的时序。教学特别需要强调知识本身的逻辑顺序，如学习的时间顺序、课堂活动的顺序等。系统论认为，系统不可缺少相应的反馈系统。

（二）学习理论

学习是心理学（特别是教育心理学）研究得较多的问题。不同的学者从不同的角度对学习进行了不同的实验并提出了不同的学习理论。而英语学习是人们进行学习的一种活动，它同样受学习理论影响。事实上，不同的学习理论，如斯金纳的操作条件反射论、布鲁纳（J. S. Bruner）的认知发现学说，都在不同的英语教学创建过程中与不同的语言理论相结合，构成了不同的英语教学的理论依据。心理语言学主要研究语言的学习和使用，即个体怎样理解、生成和获得语言。

从过程看，学习是通过个人实践引发个人行为与能力发生变化的活动过程；从结果看，学习是按某种方式表现出某种行为的能力的变化过程。在教学过程中，教师、学生和教育管理者不断获得系统的反馈，调整教学活动。系统论认为，系统不断走向平衡，而平衡又不断被打破，走向不平衡。教学就是这样一个“平衡—不平衡—平衡—不平衡”的动态平衡过程。

在语言研究的领域里，理论语言学或普通语言学主要研究语言的一般原则和人类语言的特点。这些原则和特点反映了人们对语言的看法，可被称为语言观。人们从不同角度对语言的探讨加深了人们对语言特点的认识。人们对语言不同的观点和认识致使人们在不同的时期按照不同的社会需要创立不同的英语教学。既然教学是一个系统，教学设计自然需要依据教学的系统特征开展。因此，系统理论成为教学设计的方法理论层面的理论基础。

学习理论是研究人类学习的本质及其形成机制的心理学理论。心理学家从不同的认识论出发，提出了不同的学习理论。当代最有影响的学习理论主要有三种：行为主义学习理论、认知主义学习理论和建构主义学习理论。行为主义学习理论认为对学生进行恰当的刺激，可以促进学生形成、维护或强化预设的反应。认知主义学习理论认为，学习是由感知觉、记忆、提取、鉴别、比较、分析、综合等组成的复杂的信息加工过程，教学就是促进学生进行内在的信息加工，达到预设的学习目标的过程。建构主义学习理论由认知主义学习理论发展形成，认为人类的知识是学生在与外部环境的互动过程中自我建构获得的，因此教学应该以学生为中心，教学应该为学生创造自我建构的环境。学生是学习的主导者，教师只是协助者、引导者和材料提供者。

（三）教学理论

教学的目的是促进学习，这是当代教学理论的核心。当代具有影响的教学思想主要有程序教学思想、结构主义教学思想等。程序教学思想是行为主义的教学思想，其代表人物是美国著名教育心理学家斯金纳（B. F. Skinner）。程序教学思想认为，教学的意义就是为学生设计合理的学习程序，建立最有效的刺激强化内容。在具体的教学时，需根据教学内容的难度去设计教学活动程序。

程序教学思想对于教学设计的影响很大，因为程序教学思想认为可以设计出固定程序的教学机器，帮助学生学习。这是教育的技术本质取向的典型表现，促进了教育技术学科化的发展。结构主义教学思想是结构主义影响下的教学思想，其代表人物是美国著名心理学家布鲁纳。他认为每一门学科都由一系列的基本概念和原则等基本结构组成，如数学的交换律、分配律、结合律等。根据结构主义教学思想，教学应该遵循动机原则（动机是学习成功的重要因素）、结构原则（教学必须促进学生掌握学科的基本结构）、程序原则（教学应设计和选择最佳的教学程序）、强化原则（教学应通过反馈使学生及时强化所学知识）。

学习理论和教学理论的其他思想都对教学设计形成这样或那样的影响，而且不断出现的新的学习理论和教学理论也会对以后的教学设计带来很多影响，原因是：教学设计本质上是针对教学的设计，对学习和教学的理解自然会影响教学设计者对于教学活动的设计。

（四）传播理论

传播理论是研究自然界一切信息传播活动的共同规律的理论。传播理论强调人类的一切交往活动都是传播活动，当代社会重要的信息通道就是报纸、电视、互联网等大众传播媒体。根据传播理论，教学是一种教师与学生之间的传播活动。因此，对教学的研究也需要传播理论的指导，而研究教学的设计就自然需要研究教学中传播的设计。

（五）设计理论

设计是人类制订改变现状的计划与方案的理性活动。设计是为了制造新事物或解决某些问题，依据已知原理、方法和技术而制定的，其形式可能是行动方案、计划、设计图等。

设计首先是一种技术，然后是一种文化，是一种创造更为合理的生存方式的活动。设计具有以下基本特征。

（1）预设性。所有设计都是计划，是未实践的方案。

（2）后理性。设计是基于已知原理、方法和技术进行的，这些都是理性的产物，设计显然是基于理性产物的后理性活动。

（3）可修改性。设计的方案在未实施前、在实施中都可以修改，并非一成不变。甚至在教学设计时就应设计出修改预案。

教学设计作为一种设计活动，自然表现出上述这些特性。当然，教学设计理论本身也在不断发展。在发展中，可能会形成新的理论，这些理论会带动教学设计的理论研究不断加深。

四、教学系统设计理论

（一）加涅的教学系统设计理论

1. 核心思想

加涅的教学系统设计理论的核心思想是为学习设计教学。加涅认为，教学必须考虑影响学习的全部因素，即学习的条件。学习的条件分为内部条件和外部条件。

2. 加工系统

加工系统主要由信息接收器、感觉记录器、短时记忆和长时记忆组成。从学习环境中来的刺激作用于学生的感受器，信息在一个感受记录器里短暂停留后，由选择性知觉经过加工输入短时记忆。如果信息在短时记忆中没有被复诵，一般保留不到 20 秒，且短时记忆的容量有限，一次只能记忆 7 个项目。需要记忆的信息须经过语义编码转化成有意义的模式进入长时记忆。长时记忆的信息经过两条途径进入反应发生器。

一条途径是长时记忆中的信息先回到短时记忆，再由短时记忆进入反应发生器，引起反应。在这种条件下，人能意识到从长时记忆中提取信息。另一条途径是长时记忆中的信息直接进入反应发生器，引起反应。这种条件下，反应是自动进行的，不受人意识的控制。当信息被从短时记忆或长时记忆中提取出来并传递到反应发生器去激活效应器（肌肉）时，就会导致学生对环境做出反应。至此，学生就完成了一次学习过程。

执行控制系统的调节与控制作用主要体现在以下几个方面。

（1）感觉系统进行调节，使之选择适当的信息，予以注意。

（2）指导短时记忆中的信息加工方式的选择。

（3）对短时记忆和长时记忆中表征形式的选择。

（4）对长时记忆中的知识提取线索的选择。

（5）对解决任务的计划的执行予以监督。

3. 预期系统

预期指人的信息加工活动是受目的指引的。认知目的能指引认知加工方式的选择，如学生对学习结果的期望，会对其如何感知外界刺激、如何编码记忆产生影响。认知加工活动的实现和预期目标的达成会带来情感的满足，由此进一步激励新的认知行为，所以预期是与信息加工活动的动力有关的系统。

在加涅看来，学习的发生要同时具备外部条件和内部条件，教学的目的就是合理安排可靠的外部条件，以支持、激发、促进学习的内部条件。这就需要对教学进行整体设计，即教学设计。因为学习的过程有许多有顺序的阶段，所以教学也有相应的阶段。

（二）瑞格鲁斯的教学系统设计理论

1. 核心观点

教学设计理论就是“教学科学”，教学系统设计理论是规定性的教学理论。美国教学设计专家瑞格鲁斯（Charles M. Reigeluth）还提出了关于建立教学系统设计理论知识库的构想。他把教学理论的变量分为教学条件、教学策略、教学结果，并进一步把教学策略变量细分为教学组织策略、教学管理策略和教学传输策略。

教学组织策略可以进一步分为宏策略和微策略。宏策略用于揭示学科知识内容中的结构性关系，也就是各部分之间的相互作用和相互联系。在实际教学中，它用来指导学科知识内容的组织和知识点顺序的排列。它从全局考虑学科知识内容的整体性记忆中各个部分之间的关系。微策略强调按单一主题组织教学，策略部件包括定义、例题、练习等。在实际教学中，它为如何教特定的学科内容提供“处方”，考虑的是一个个概念或原理的具体教学方法。

2. 细化理论

细化理论（Elaboration Theory，ET）的最早提出者是瑞格鲁斯，该理论的基础是认知学习理论。一种观点认为，新知识的获取与保持在很大程度上取决于学生原有的认知结构。奥苏贝尔（David Pawl Ausubel）是这种观点的最早提出者之一。细化理论是建立在两个关于认知结构的假定的基础之上的：①知识按层次结构组织，抽象程度较高的知识处于较高层次，随着抽象程度降低，其所处的层次也逐步降低；②认知结构中的知识是相互作用、相互联系的。

细化理论组织教学内容的基本原则是把更广泛、更一般的概念放在较高层次。除此之外，细化理论还关注学科内容的各个部分如何彼此联系，以及各个部分和整个学科之间的关系。

3. 模式概括

（1）一个目标

细化理论的全部内容都是为了达到一个目标——按照认知学习理论实现对教学内容（即当前所教学科知识内容）最合理而有效的组织。

（2）两个过程

细化理论主要通过两个设计过程来实现上述目标：一是“概要”设计，“广角”看全部；二是一系列细化等级设计，“变焦”看部分。横纵两个方面，同一等级上对不同教学内容细化（复杂程度相同），同一教学内容在相继等级中细化（复杂程度不同）。

（3）四个S

包括选择（Selection）、定序（Sequencing）、综合（Synthesizing）和总结（Summarizing）。

选择是指从学科的知识内容中选出为了达到总的学习目标或单元的教学目标所要教的各种知识点，从而为概要设计做好准备。这是细化理论的初始设计任务。

定序的目的是使教学内容（学科知识内容）按照“从一般到特殊”的次序来组织和安排。这既是概要设计和细化设计的指导思想，又是设计的基本内容。应将定序贯穿这两个设计过程的始终，从而保证每次细化结果的一致性。

综合是要维护知识体系的结构性、系统性，即确定各个知识点之间的相互联系。通过综合，学生可以看到各个概念之间的关联以及它们在更大的概念图中（乃至整个课程中）所处的地位。在每一级细化过程中都将有两种形式的综合发生：内部综合与外部综合。

总结对于学习的保持和迁移都很重要。总结可分为两种：一种是课后总结，另一种是单元总结。

（4）七种策略

它们是指为保证细化过程的有效性和可操作性，必须在细化过程中适当运用的有关教学内容组织的七种宏策略。具体如下：

宏策略一：用于确定课程内容的细化顺序。

宏策略二：用于确定每一堂课的内容顺序。

宏策略三：用于确定总结的内容及总结的方式。

宏策略四：用于确定综合的内容及综合的方式。

宏策略五：用于建立当前所学新知识与学生原有知识之间的联系（这是帮助学生实现意义建构的关键）。

宏策略六：用于激发学生的学习动机和认知策略，使学生始终处于积极的信息加工状态。

宏策略七：用于实现学生在学习过程中的自我控制。

4．应用

以某一节课的教学为例，瑞格鲁斯的教学系统设计理论的具体操作包括以下几个方面。

(1) 给出本节课的概要（完成概要设计）。

(2) 嵌入动机激发器帮助学生形成学习动机。

(3) 如果概要内容较抽象难懂，则应进一步给出形象化的比喻（或适当的类比）。

(4) 按照宏策略一和宏策略二的要求以及一系列细化设计结果安排教学内容的顺序。

(5) 运用宏策略五建立新旧知识之间的联系，以促进学生的意义建构。

(6) 根据学习情况的需要嵌入认知策略激发器，以帮助学生提高学习质量与效率。

(7) 提供本节课的课后总结。

(8) 提供本节课的课后综合。

(三) 史密斯和雷根的教学系统设计理论

尽管不同的学习结果需要不同的教学策略，但是教学过程一般都包括四个阶段：导入阶段、主体部分、结论部分和评价阶段。

(1) 导入阶段：引起注意；建立教学目标；唤起兴趣和动机；课的概述。

(2) 主体部分：回忆先前学过的知识；处理信息和例子；集中注意；运用学习策略；练习；评价反馈。

(3) 结论部分：总结和复习；知识迁移；进一步激励和完成教学。

(4) 评价阶段：评定作业；评价反馈和补救教学。

五、英语教学的本质特性

(一) 外语教育

外语就是外国语言。中国的英语教育本质上是外语教育。作为外语教育，英语教学需要考虑英语与中国英语学习者的母语（主要是汉语）

之间的巨大差异。英语属于印欧语系日耳曼语族，使用表音文字，汉语则属于汉藏语系，使用表意文字；英语呈现西方文化，汉语呈现中华文化。这些都对英语教学有着本质影响。

（二）学科教学

目前，学校教育主要采用分学科的教育制度，由不同的学科实现共同的教育目的。英语作为学校教育的一门学科，既需要实现学校教育的总体目标，又需要实现学科自身的目标。学校教育的最终目标是促进学生的全面发展，英语学科也应促进学生的全面发展。基于学校教育总体目标，英语学科的具体目标如下。

1. 语言能力

英语作为语言学科，自然要培养学生的语言能力，但其主要培养的是语言运用能力。培养语言能力，需要语言知识、语言技能、语言学习策略、语言相关的文化等方面的教学。

2. 提升综合素质

语言能力是一个人综合素质的体现。语言能力的培养需要以综合素质的培养为基础，其核心是理解能力、表达能力、分析问题的能力、解决问题的能力等。

3. 跨文化交往

外语学习本质上是一种跨文化交往活动，因为语言本身是文化的组成部分。同时，学习外语涉及对外语所呈现的文化的接触，这使得外语教学本质上是一种跨文化交往活动。

在外语教育中，跨文化交往是无所不在的。英语所呈现的文化对于中国学生来说，是一种与自身文化有很大差异的思维方式、生活方式、价值体系、社会形态等。这些都使得英语教育本身成为中国学生的一种跨文化交往活动。

中国学生应该如何面对学习英语过程中的跨文化交往活动，这显然是一个很大的问题。在中国开展英语教育，需要形成明确的跨文化态度，这是英语作为外语教育的跨文化基础。

综上所述，英语教学在中国是一种从学校外语学科教育形式呈现的跨文化交往活动。

六、英语教学设计的核心内涵

（一）语言学习理论

无论是行为主义学习理论、认知主义学习理论、建构主义学习理论，还是其他学习理论，都对语言学习有诸多探讨，并形成了丰富的语言学习理论。行为主义学习理论的“刺激—反应”公式对于语言学习，尤其是英语学习是不可或缺的学习行为。认知主义学习理论的感知觉、记忆、提取、鉴别、比较、分析、综合等信息加工活动，是语言学习，尤其是英语学习中“听、读”技能训练的重要学习活动。建构主义学习理论的学生中心理论、自我建构理论、语境理论都是语言学习，尤其是英语学习的重要理论基础。因此，英语学习是一种在语境等因素的刺激下，经过信息加工，自我建构相关英语知识和英语技能，形成英语运用能力的活动。

为了提高英语学习的有效性，了解英语学习理念的英语教师应在教学准备时，坚持以学生为中心，精心设计英语学习的刺激源、信息加工的过程、自我建构的过程与策略等，以引导学生形成相应的英语运用能力。

（二）英语教学理念

英语教学设计是教师为了提高英语教学的有效性而开展的英语教学准备活动。因此，英语教学理念是英语教学设计的重要内涵。

英语教学的方法众多，无论是经典的语法翻译法、直接法、听说法、情境法，还是交际法等，都对英语教学有着或此或彼的作用。对一些具体的教学内容，不同的方法有不同的作用。

英语教学设计就是根据不同的教学内容、教学目标、学生特征、教学条件等，选择恰当的教学方法，形成科学、合理的教学活动，引导学生形成英语运用能力的过程。

（三）英语教育技术

教学设计是一种基于系统理论、传播理论、设计理论等的教育技术，这些技术对于英语学习非常重要。英语学习是一项系统工程，无论学习目标、学习内容、学习过程、学习活动还是评价活动，都应基于系统理论进行设计。

英语教学作为一种教育传播活动，不能忽视对传播理论的研究应用。此外，教师应准确分析传播内容、传播对象，合理设计传播方法等，这样才能实现有效传播，促进学生的自我建构。

总之，英语教学设计是一种设计活动，教师应科学地把握教学方法、学习过程、学习活动、评价活动等的特性。只有这样，才能科学地进行设计教学。

第二节　高校英语教学设计优化的模式

从不同的视角分析教学设计，可以提出不同的教学设计模式。教学设计的实践可以基于教学设计一般模式展开。基于教学设计的一般模式，英语教学设计的基本模式包括以下几个部分。

一、分析

（一）学习需求分析

学习需求就是学习目标与学生现有的学习水平之间的差距。学习需求分析就是通过科学、系统的调查与分析，确定学生的学习需求。学习目标的确定是学习需求分析的关键。确定学习目标需要结合社会需求和个人发展需求，充分考虑可以利用的各种资源（教师、学生、教学设施、教学媒体、教学材料、教学经费等）和各种相关的促进与制约因素，确定合理的、科学的学习目标。

学习目标的确定需要考虑长期的目标、中期的目标、近期的目标，或者是整个学习期间的目标、各学习阶段的学习目标、学年的学习目标、学期的学习目标、单元的学习目标、课时的学习目标。只有形成科学、合理的目标体系，才可能进行合理的教学设计。若要确定学生现有的学习水平则需要调查、评价与分析学生已经达到的学习水平，尤其是与学习目标直接关联的学习水平。

在英语教学设计中，开展学习需求分析是非常重要的。学生需要依据社会需求和个人发展需求，科学地确定英语学习的目标。

（二）学生分析

准确地分析学生是成功开展教学设计的一项决定性因素。学生分析是整个教学设计的起点，教学设计的一切都基于对学生特征的分析。因为只有准确地把握学生的英语学习特征，才可能设计出符合这一特征的教学目标、教学策略、教学技术、教学过程与评价标准。

对于英语教学设计而言，学生分析要准确把握学生的真实学习目的、真实学习动机、已有知识技能、知识认知机制、学习心理顺序、学习逻辑顺序等，因为这些要素都对英语教学设计有着根本性的影响。

（三）学习内容分析

学习内容就是在教学活动中为实现学习目标而学习的知识与技能、过程与方法、情感态度与价值观的总和。英语课程的学习内容包括语言知识、语言技能、情感态度、文化意识、学习策略五个层面。具体的学习内容是课程标准规定的，通过教材实现的语言材料。分析学习内容就是要使教师和学生明确教什么和学什么，这与教学目标密不可分。

当前，在我国的英语教学中，英语教师在进行学习内容分析时都能很好地把握语义内容，很多也能比较好地把握语境内容。但大多数英语教师都存在把握语用内容的困难，普遍体现在分析教学内容时只分析到语义内容或语境内容，却没有分析到语用内容，这导致语用能力培养的严重缺失。所以，分析教学内容时，必须把握教学内容的语义、语境、语用内容，尤其是语用内容。只有这样才可能全面培养学生的英语运用能力。

二、设计

（一）教学策略的设计

教学策略的设计是为了完成教学任务、实现教学目标而对教学活动的程序、方法、形式和媒体等教学因素进行选择和整合的总体设计。它包括对知识技能和教学内容的序列设计、对教学活动过程的系统问题和期望的学生反应的设计、对教学的组织形式和媒体呈现信息方式的设计等，具体又包括课时的划分、教学顺序的设计、教学活动的设计及教学组织形式的设计。

教学策略设计不仅要基于教学目标、切合教学内容、适合学生特征，还要考虑实际教学条件的可能性，进而灵活地安排教学活动，合理地安排各有关因素，形成系统的、总体的设计，使之能够发挥教学的整体功能。

教学策略有多种分类方法，常见的类型包括：组织教学过程、安排教学顺序、呈现特定教学内容的教学组织策略；确定教学信息传播形式和媒体、教学内容传递顺序的教学内容传递策略；将教学组织策略和教学内容传递策略协调起来（包括时间的安排与组织、教学时的资源分配等）的教学管理策略。对于英语教学设计来说，这些策略都是不可或缺的。

（二）教学过程设计

教学过程对于英语教学设计非常重要，所以英语教学设计单列出教学过程设计，以突出其重要性。教学过程是为实现教学目标而开展的多个教学活动组成的连续过程。在长期发展中，英语教学理念形成了强调学习过程的任务教学，这也是英语新课程倡导的英语教学途径。

任务教学的教学过程设计应该包括以下内容。

（1）任务呈现。这是向学生介绍任务的环节，目的是让学生知道学习语言之后要用所学语言完成的任务，让学生明确语言学习的目标。

（2）任务准备。这是语言学习的过程，分为输入和吸收两个主要环节。输入是教师呈现所学语言，让学生学习的环节；吸收是学生经过练习，内化所学语言项目的环节。吸收是影响语言学习效果的关键环节，没有吸收就不可能有语言学习的结果，学生也就不可能形成语言运用能力。

（3）任务完成。这是学生在学习所学语言之后，运用所学语言行事的环节，也是语言运用的环节。

（4）语言巩固。这是在学生用语言行事之后，对其语言运用中存在的问题进行有针对性的巩固强化，从而达到促进语言内化目的的环节。

（三）教学技术设计

教学离不开技术，无论是传统黑板、彩色粉笔或板书技术的使用，还是现代电子技术、互联网技术、多媒体技术的使用，都有助于提高教学的有效性，所以教学需要教学技术设计。教学技术设计包括运用教学媒体辅助教学活动的设计。教师应基于学习目标、学习内容、学生特征和教学策略进行教学过程的设计，依据各种教学媒体所具有的教学功能和特性，选择和设计教学媒体辅助教学活动。教学中没有适用于所有教学内容和教学情境的媒体，也没有必不可少的媒体，只有有效的媒体和媒体的有效使用。

（四）评价

1. 确定学习成效评价标准与方法

设计教学的目的在于提高教学的有效性。是否达成教学目标是评价教学设计有效性的关键。学习成效的评价是评价教学有效性的基础，确定学习成效的评价标准是开展教学评价的前提。从评价目的角度出发，学习成效评价可分为诊断评价、学业成就评价等；从形式角度出发，学习成效评价可分为形成性评价和总结性评价（也称终结性评价）。

学习成效评价的标准应该以学习目标为基础。如诊断评价的标准要根据学习过程中的实际学习情形确定，学业成就评价的标准则可以直接依据学习目标来确定。

2. 形成性评价

形成性评价是指在教学过程中为了获得有关学习的反馈信息，针对学生所学知识的掌握程度进行的系统性评价。它是日常教学过程中由学生和教师共同参与的评价活动，其目的是对学生的学习行为、学习结果以及学习过程中的情感、态度、策略等方面的发展进行评价。

形成性评价可以促使学生获得学习成就感，增强自信心，有效调控自己的学习过程，成为评价活动的积极参与者。

形成性评价是教学过程之中的活动，以诊断和促进为目标，是教学的重要组成部分，也是促进教学的重要因素。英语教学设计中应尽可能采用形成性评价，帮助教师及时把握学生的学习情况，根据需要调整教学方法，不断提高教学效果。

英语教学设计的形成性评价应基于激励原则设置，采用描述性评价、等级评定等评价记录方式。

3. 总结性评价

总结性评价是在一个学习阶段结束后对学生学习效果的评价，如期末考试、学业考试等。总结性评价是检测学生综合语言运用能力发展程度的重要手段。英语教学设计的总结性评价应依据课程标准的要求展开，着重考查学生在具体情境中运用英语的能力。

总结性评价应根据教学的阶段性目标确定评价的内容和形式，评价对象包括口语、听力、阅读、写作和语言知识运用等。

基于英语课程标准确定的“综合语言运用能力”这一课程总体目标，英语教学设计的总结性评价试题应以具有语境的应用型试题为主，合理配置主观题和客观题。不能孤立地考查某些语言知识点，更不能考查对知识的机械记忆。

4. 反馈修正

反馈修正指根据评价提供的反馈信息，对教学设计进行调整，从而提高教学的有效性。教学设计作为一种预设，自然可能因为分析的误差、设计的失误而导致教学过程中出现问题。教学评价能提供大量的反馈信息。教学设计不应该一成不变，而应该根据教学过程中反馈的各种教学信息，不断调整教学策略。甚至应该在教学设计中预测可能出现的问题，然后制定相应的应对措施，从而在教学过程中根据教学反馈不断修正教学活动，以提高教学的有效性。

在英语教学实践中，一些经验丰富的教师往往可以根据自己的经验，随时关注教学信息的反馈，调整教学策略，促进教学有效性的提高。

教学设计是一种理性化的教学准备活动。它可以促进青年教师教学实践能力的提升，帮助教学经验不多的教师在较短时间内成长为经验丰富的教师，达到可以随时捕捉教学反馈信息，并根据反馈信息随时调整教学策略的程度。

当英语教学过程中出现学生已有知识与技能不足、教学环境与条件不充分等特殊困难时，教师需要根据教学信息反馈随时调整教学策略。

综上所述，英语教学设计的一般模式为分析、设计、评价、修正模式，其中学习目标的分析、教学过程的设计、评价目标的确定、依据反馈不断修正教学策略，是关键要素。

第三节　高校英语教学设计优化策略与实践分析

一、教学组织优化策略及实践分析

（一）英语知识组织策略

人的语言交际能力包括语言能力和运用语言的能力。语言能力是指学生对语言知识（即语音、语词、语法、文化知识等）的掌握；语言运用能力是指学生具备的以听、说、读、写等形式运用语言、实现特定的语用目的的能力。倘若学生没有掌握语言知识，就不可能具备运用语言的能力。语言能力和语言运用的能力相结合才是语言学习应达到的目标，因为它们就像一个硬币的两个面，是构成语言交际能力不可分割的两个组成部分。因而，促使学生掌握一定的语言知识和具备听、说、读、写能力是英语教学的目的。

1. 语音知识组织策略

语音是人们口头交际赖以传递信息的媒介，是语言的外壳，是整个语言学习的重要基础。学生的语音水平对于其听、说、读、写各项技能的发展都起到直接或间接的制约作用。因此，语音教学是英语教学过程中的一个至关重要的环节，一定程度上决定了学生在英语学习方面的发展。

2. 语词知识组织策略

语词是语言的基本要素，是组成句子的基本单位。语词包括音、形、义三个结构要素。学习和掌握语词的音、形、义并在交际活动中灵活运用语词的过程，是一个复杂的心理认知过程。语词教学包括意义、用法、使用策略等方面的内容，教师应根据词的不同特点、学生在学习时的认知规律、学生已有的知识和经验及学生的个性心理特点等，采用不同方式，揭示语词的本质特征。

语词知识教学应当遵循的组织策略主要有以下六个方面。

（1）选择恰当的语词

一般来说，所选择的语词应是出现频率较高的，或者常常造成学习中的困难、具有一定的代表性的语词。这样，通过对这一部分单词的学习可以使其他单词的学习变得轻松。

（2）合理确定语词学习目标

在一个成年的非语言文字工作者掌握的本族语言的语词中，一般只有1/5是他能熟练运用的语词，4/5是理解性的语词。一般的外语学生所能熟练运用的外语语词也只是其总语词量的1/3，其他2/3是理解性的语词。所以，在语词教学中，应该根据这一比例，合理地确定语词学习的目标。这样可以大幅度提高语词教学的有效性，降低语词教学的难度，尤其是记忆单词拼写形式的难度，进而提高学生的语词运用能力。研究表明，利用语境学习语词是语词学习的主要途径。语境可以为学生提供目标语词的意义及其他相关信息，学生可以根据语境提供的这些信息，定位目标词的词性，弄清目标词的搭配，理解含有目标词的句子与比邻句子之间的关系，从而逐步掌握目标语词。

（3）本着直观性、情境性和趣味性原则展示语词

直观性就是指利用实物或教具展示物质名词，利用动作展示动词，利用面部表情或体态动作展示表情语词等。同时，教师还应当引导学生通过分析阅读或借助听力材料，自主领悟和推理单词的用法，将语词教学与技能教学融为一体。

（4）引导学生在具体情景下使用语词

如果学生不能够在真实的语境下使用语词，则很难掌握单词的用法，更谈不上发展口头表达能力和笔头表达能力。因此，语词教学并非仅仅是指对语词音、形、义方面的讲解，还应包括为学生提供具体的情景，让学生学会使用语词。

（5）帮助学生了解语词所包含的文化含义

语言是文化的载体，要恰当地使用语言就必须了解相关的文化知识。因此，语词教学不能仅限于引导学生了解语词的字面意义，还必须了解语词的语用意义，同时还必须掌握语词的文化意义。

（6）利用记忆规律、学习风格帮助学生记忆语词

对于学生来说，单词的词形与读音记忆是一大难点。不同学习风格的学生有着不同的记忆方式，教师应该基于学生的不同学习风格，引导他们掌握不同的记忆方法。比如对于采用视觉型记忆方式的学生，边看、边写、边拼读可能是有效的，这对于学习词缀等构词法也是有效的。但是对于采用听觉型记忆方式的学生，可能需要边听边看加上口头拼读单词才能更好地记忆语词。

3. 语法知识组织策略

语法是语言能力的一部分，掌握语法知识可以帮助学生认识语言本身的规律，从而主动、积极地学习语言。学生掌握一定量的语法知识有助于学生理解，甚至监控、纠正语言的输出，为准确表达提供可靠保证。

语法知识教学应当遵循的组织策略主要有以下四个方面。

（1）注重语法教学的系统性

语法是语言系统规律的体现，语法教学也必须符合系统性。系统性原则要求语法教学依据教材中的语法系统开展，同时教学也要符合语法发展的规律。语法知识的选择应符合现代交际的原则，满足交际的需求，避免出现交际中较少使用、单纯为学习语法而选择内容的教学设计。

（2）贯彻语法教学的交际性

基础教育的语法教学应当遵循交际性原则，即在必要的意识增强活动和语法训练的基础上，教师为学生尽可能地创设交际性语言情境。例如，运用实物、图片、动作、表演、录像等手段，创建包含运用语法规则的具体情境。教师也可以利用学生已经掌握的词语、短句来突出语法的交际本质，创建真实或半真实的交际活动，引导学生感知、理解和学习语言。

（3）注重语法教学方法的多样性

语法教学应注重活动的多样性、话题的多样性、课堂组织的多样性、评价方法的多样性、教师指令的多样性等。例如，将归纳法与演绎

法相结合。归纳法更有利于鼓励学生积极探索和发现规则，满足学生的求知欲望，形成学习的内在动机；隐性语法教学与显性语法教学相结合。以隐性教学为主，适当采用显性教学，通过隐性教学培养学生的语言运用能力，通过显性教学增强学生的语法意识；语法教学与“听、说、读、写”活动相结合。语法应服务于听、说、读、写各项技能，语法教学应该在“听、说、读、写”的活动中培养，以实现服务于交际的目的。

（4）激发学生的语法学习动机

学习动机是开展一切学习活动的保证。为了激发学生的语法学习动机，语法教学中要注意选择恰当的语法内容，尽可能创设真实的语境，使语法教学适合学生的年龄、认知能力与语言水平，同时贴近学生的生活经历。

4．文化知识组织策略

语言与文化是密不可分的，语言的学习不可能离开文化。在一定程度上看，外语教学就是文化教学。文化知识教学应当遵循的组织策略主要有以下四点。

（1）系统地组织文化知识教学活动

在外语教学中系统地添加一些文化内容，如在教材中专门设立文化专栏、举办文化讲座、组织文化欣赏活动等，可促使学生系统地掌握所学外语国家的基础文化知识。

（2）将文化知识目标、态度目标、能力目标等融入外语教学

在外语教学中，将文化知识目标、态度目标、能力目标等融入其中，如采取文化会话、文化合作、文化表演、文化交流等方式进行外语课堂教学，引导学生在语言学习过程中接受文化教育。

（3）通过师生活动感知文化差异

在外语教学中，教师与学生作为不同主体共同参与文化互动活动。如师生相互讨论某一文化现象，教师通过文化疑惑解析、文化冲突化解、文化专题研究等方法，引导学生感知文化之间的差异，形成开放、

平等、尊重、宽容的文化态度。

(4) 通过学生直接参与文化交往获得文化知识和文化体验

学生直接参与文化交往，如通过与英语本族语者面对面交往或网络交往等直观的方式，在潜移默化中获得文化知识，养成积极的文化态度，形成有效的文化能力。

(二) 课外活动组织策略

在我国，英语学习是在汉语环境下进行的，往往缺乏真实性，而且还存在英语学习时间不足的问题。因此，课外的语言学习活动，如与英语本族语者交谈、欣赏英文电影、观看英文电视节目、阅读英文小说、用英语写电子邮件等，是实现英语教学目标的不可或缺的补充性教学活动。通过组织丰富多彩的课外活动，学生能深刻理解所学的语言知识和技能，并自觉地将所学知识和技能加以应用，培养出英语交际能力。

教师应在组织课外活动的过程中起引导作用。例如，教师可向学生推荐课外阅读的英文小说。当然，教师在课外活动组织过程中不可干预过多，否则，就有可能减弱学生的积极性。

课外活动分为大型的课外活动和小型的课外活动。戏剧表演是可以定期开展的大型课外活动之一，可用来巩固和评价学生所学的语言知识和技能。这类具有创造性特点的课外活动非常有利于发挥学生的主观能动性，同时还能促进学生之间的团结与合作。英语歌曲比赛、英语角、英语报刊或手抄报等带有综合性特点的实践活动也属于大型的课外活动。它们为学生运用所学语言知识和技能提供了很好的机会。学生之间相互合作，也有利于培养集体荣誉感。

开展这类大型的综合性实践项目都应该有一个主题明确的活动方案、相应的图示和文字说明。由于开展这些活动的目的是巩固学生已学知识和已经形成的语言技能，因而，这类活动应定期开展，而且安排的时间也要适当，可以安排在期中、期末进行，也可以安排在英语节、艺术节等活动期间进行。值得注意的是，此时参与者是否使用英语是对学生的表现或作品的重要评价标准之一。

经常性的课外活动多是小型活动，通常是指由学生一个人或一组人开展的活动。例如，教师引导学生参与游戏；经常采用讲故事的方式呈现或练习所学语言知识，能够非常明显地提升学习效果；学生用英语写日记，有条件的可以建立自己的英语博客；学唱英文歌曲和歌谣是练习所学的内容（如语法结构、语音规则、词汇和句子韵律）的有效方式。这些活动都有利于提高学生使用语言的流利程度，并增强学生对所学内容记忆的效果。

（三）教学形式组织策略

在现代教育中，教学组织一般分为三种基本形式：班级教学、小组教学和个人学习。班级教学是教师向一个班级的学生传递教学信息的教学组织形式；小组教学是教师通过组织班级内的学生形成不同的小组，传递和分享教学信息的教学组织形式；个人学习是教师指导学生个人根据自己的选择，接受和获得教学信息的教学组织形式。

个人学习是人类历史上最早出现，也是最本质的学习形式。在人类出现社会分工之前，人类的教学都是以口口相传的形式进行的。随着人类的社会化分工变细，教学需要强调规模效益，班级便出现了。在班级教学中，教师会根据不同的学习风格、学习基础等，把学生分成若干个小组进行教学。在英语课堂教学中，讲解课文或说明语法内容时，通常会采用班级授课的方式；在组织任务实施时，通常会将学生分成小组；而对于学习内容的记忆、背诵，自然只能依靠学生个人的努力去完成。

当然，教师应该根据教学需要，最大限度地使用不同的教学形式。以小组教学为例，教师应该尽可能根据教学目标，将学生分成小组。若任务需要不同能力学生的配合才能完成，就应该根据学生的能力水平，把不同能力的学生分在同一小组，而不是把同一能力水平的学生分在同一小组。但若任务需要同一能力水平的学生才能完成，就自然应该据此分小组。

只有一切从学生出发、一切从学习出发，才能最大限度地选择恰当的组织形式。

二、教学传递优化策略及实践分析

（一）展示策略

语言输入指在语言学习过程中，学生接触作为学习目标的语言内容的过程。语言输入是语言学习的重要条件和前提，因此教师应特别注重研究和利用心理学的基本原理，掌握作为语言输入的语言知识与功能的展示策略，以促进学生对语言输入相关信息的理解和应用。以语言技能输入为例，听、说、读、写是人类使用语言开展交际活动所需要的主要技能，同时也是人类认识世界、获取知识、发展自身能力、相互交流情感必不可少的重要途径。从英语教学角度来看，培养学生听、说、读、写的能力是英语教学的主要目标，而且以上各种技能必须全面发展，不可偏废。事实上，作为言语交际活动的方式，听、说、读、写各项技能相互联系、相互依存。但是，各种言语活动技能也有它们各自的特点，教师应结合教学实践进行相应的训练活动，以提高教学的针对性。

1. 展示“听”的技能

作为人类口头交际活动的基本形式，“听”总是领先于“说”。“听”不仅是接收和理解声音符号信息，更是积极思考、重组语言信息、创造性地理解和吸收信息的心理过程。它涉及学生的认知、情感因素，如学生感知语音，辨别词汇、句法、句意的能力等。因此，在展示“听”的技能时，应注意以下几个方面。

（1）听力材料的真实性

真实性指听力材料的语言要力求真实、自然、地道，能反映出英语本族语者的语言使用习惯，具有真实的交际意义。

（2）听力材料的可理解性

可理解性指听力材料作为语言输入，在难度上应稍高于学生现有能力。

（3）听力材料的多样性

多样性指听力材料的题材和体裁要多样化，目的是促使学生接触丰富多彩的语言，尤其是在不同交际场景中使用的语言。为了扩大语言输入量，教师应结合教材内容，为学生补充适当的辅助听力材料。

（4）学生的语言知识、背景知识水平

教师应意识到语言知识是听力理解的基础，听者必须具备一定的语音、词汇、语法知识。同时，学生还要对听力材料中涉及的人物、场景、文化背景、风俗习惯、生活方式、价值观等方面的知识有所了解。

（5）学生的情感状态

学生的学习动机、自信心、焦虑等情感因素直接影响听力理解水平。教师应帮助学生树立自信，让学生以轻松、愉快的心情去听，保持思维的活跃性，提升听力效果。

2. 展示“说”的技能

同听力一样，“说”也是人类言语交际活动的基本形式。说话者借助已有的语言知识和规则，创造性地运用语言，是大脑积极思考的过程。教师应借助一系列的教学活动实现语言规则的内在化，避免学生从母语到英语的“心译”过程，从而使学生能直接流利地表达思想和情感。因此，在展示“说”的技能时，应注意以下几个方面。

（1）先听后说

根据理解先于表达的认知特点，教师在展示“说”的能力时，要本着先听后说的原则：一是要针对语音或知识点，教师在展示过程中应要求学生先听清、听准，然后再口头模仿；二是要重视语言理解，教师在展示过程中应促使学生接触大量的语言信息，并逐步实现语言规则的内在化，促使学生积极吸收和扩充语言知识。

（2）口语活动的多样化

在英语教学中，学生从学会发音、模仿发音到在交际场景中运用语言连贯地表达思想是一个漫长的过程。口语活动应多样化，如模仿、简单的问题回答、机械练习、意义练习、交际活动、小组活动、角色扮演、自由表达等。

（3）学生的语言水平

口语活动的展示应考虑到学生的语言水平，如语言能力和语用能力。语言能力是口语表达的前提。正确的语音语调、一定的词汇和语法的知识积累都是培养学生口语表达能力的基础。在口语交际过程中，学生应具备一定的语用能力，即根据具体交际场景和上下文，调动已有的文化背景知识和个人体验，得体地使用语言，来实现交际的目的。

（4）学生的情感状态

焦虑是影响学生口语表达的主要干扰因素，但适度的焦虑可以促进学习。教师在展示说的能力时，应尽力创设交际情境，鼓励学生大胆表达，促使学生以自信、积极的心态参与学习活动。

3. 展示“读”的技能

“读”是人类书面交际活动的基本方式，是通过视觉感知语言符号获取书面信息的行为，更是从视觉感知语言符号到完全理解书面材料意义的过程，也是与语言知识、文化背景知识、个人经验等相联系的认知加工过程。时代的发展，尤其是计算机技术的广泛应用，大大促进了信息的交流，英语阅读愈加凸显出其交际活动的本质特点。因此，在展示“读”的技能时，应注意以下几个方面。

（1）阅读材料的真实性

真实的阅读材料往往为本族语者所用，如英文报纸、电视、电影中的英语材料等。非真实的阅读材料指专门为学习外语的人设计的学习材料，如对词汇和语法知识等做特别考虑和处理。介于二者之间的阅读材料尤其适合处于外语环境下的学生，这类材料既兼顾真实性，又考虑到学生的语言水平，非常有利于提高学生的语言水平和语言技能，为他们今后阅读、理解真实的材料做好充分准备。

（2）阅读材料的可理解性

阅读材料的可理解性指输入的语言材料的难度稍稍高于学生目前的知识水平，旨在传递语言负载的信息，帮助学生获得交际性的阅读技能。真实性与可理解性并非完全对应：真实的材料未必可理解，可理解的材料也未必真实。对于初学者来说，材料既应真实，又要具有可理解性，这样才能有效地提高学生的阅读技能。

（3）阅读材料题材的广泛性、知识性和趣味性

阅读材料的题材应具有广泛性，文章内容应包括不同的知识范畴和文化背景。教师应引导学生了解和掌握不同体裁、不同题材的作品。同时，用于阅读的材料内容应新颖、有趣，以激发学生的学习兴趣，增强他们的学习动机，调动他们的学习积极性。

（4）学生的语言水平

阅读过程始于视觉感知语言符号，因此，学生必须掌握一定的语音、词汇、语法等语言结构知识。学生的背景知识和个人经验构成了“认知图式”，图式知识与语言结构知识共同形成了学生理解所读内容的前提条件。

（5）学生的情感状态

兴趣是影响学生阅读能力的重要因素之一。学生的阅读兴趣愈浓，则其阅读量愈大，阅读面愈广。为了培养学生的内在阅读兴趣，阅读材料的选择必须难度适当，力求实现知识性与趣味性的统一，以帮助学生在扩充语言知识的同时，充分享受阅读带来的愉悦感。

4. 展示“写”的能力

作为人类日常交际中的一种表达性技能，“写”是将思想转变成语言文字符号的过程。在英语教学中，不同的学习阶段对“写”有不同的要求。起始阶段的写作活动是为高级阶段的交际性写作奠定基础的，促使学生最终能够使用英语自由地表达思想。写作既是英语教学的目的，又是英语教学中重要的表达手段。因此，在展示“写”的技能时，应注意以下几方面。

（1）“写”与“听、说、读”技能的结合

任何一项语言技能的培养都不可能是孤立的，只不过是在单项训练

时有所侧重而已。“写”的能力应与“听、说、读”的能力相结合。例如，听写既可以提高学生“写”的准确性，又能检验理解的正确程度。学生对段落的仿写、改写、写出摘要等活动都是在阅读的基础上完成的，如果让学生先“说”再仿写、改写，既可减少表达的错误，又可降低“写”的难度。

（2）学生的语言水平

“写”的技能培养受到学生语言水平的限制，如语言能力、语用能力等。由于书面语比口语更正式、更复杂，所以在表达的精确程度上要求较高。学生应掌握丰富的词汇，能够准确、恰当地表达思想，而且学生还要学会运用不同的语言形式表达特定的含义。同时，学生还应考虑读者的文化水平和知识背景，在写作中恰如其分地传递信息。

（3）写作活动的多样性

“写”的活动应根据学生的语言水平采取多种多样的方式，如书写、抄写、听写、段落仿写、句子或段落扩写、看图写作、按照提示写作、课文缩写、文章改写、自由表达等。

（4）学生写作动机的激发

教师应尽可能地结合学生的生活实际和思想感情，为学生创设问题情境、挖掘交际题材，捕捉学生的兴趣点，促使学生产生表达的意愿，使他们有话可说，有情要抒。

5. 任务输入策略

任务教学倡导通过教师的充分指导促进学生积极地投入知识的心理建构，在促进新旧知识相互联系的同时，引导学生产生主动学习的心理倾向。输入策略包括以下几个方面。

（1）学生原有知识的激活

学生充分借助教师的引导将新知识与原有知识整合成更高层次的知识结构。例如，教师提供一些核心概念，以语义联系的方式激活学生原有的知识，作为接收新知识的基本框架；或以提供典型范例的方式使抽象的讲解变得具体、形象，更有利于学生的理解。

（2）各项技能的使用

同样的新知识可以通过多种感觉通道展示给学生。例如，阅读材料的展示既可以通过视觉的形式，也可以通过听觉的形式。但是，如果多种感觉通道提供的信息量超过一定程度，或两种感觉通道呈现的信息完全无关且信息量过大时，学生则难以接纳，从而降低了教学效果。例如，教师留出一定的时间让学生阅读和理解教材或黑板上的与学习任务有关的内容，如果此时教师还在滔滔不绝地讲解，反而会使学生无所适从。

（3）难度适中的任务

教师在布置学习任务时应确保任务难度适中，因为学生对过难的学习任务常常会望而却步，对过易的学习任务又难以产生学习的兴趣。教师在任务设计中要安排适度的任务，以引发学生进一步探寻的兴趣。

（4）引起学生注意

任务呈现应让学生体验不同的内容，但呈现方式和内容应简洁明了，避免杂乱、无关的信息分散学生的注意力。例如，在使用多媒体手段呈现信息时，应删除无关的背景信息及不必要的细节内容，以突出重点。

（5）激发学生的学习动机

如果任务难度适中，呈现方式灵活且富有趣味性，学生更有可能产生对学习的兴趣，从而产生强烈的学习动机。

（二）吸收策略

外语学习过程中的语言输入与语言吸收有着本质区别。语言吸收是指学生在接触作为学习目标的语言内容后摄入目标内容的过程。作为输入的语言，因为语速过快或呈现速度过快，或者难度过大，学生就不能理解全部的语言。那些无法理解的语言就不能成为学生的吸收语言。语言是行为，因为语言行为是人类社会化的交际手段。语言也是知识，因为语言知识是人类社会行为内化的结果。具体到英语教学中，语言训练可以促使学生掌握英语语言本身的结构和规则。英语知识结构大体包括语言结构和语言规则两方面。语言结构指语音、词汇、句法、语篇结构；语言规则指语法规则。显然，学生掌握语言的结构和规则能提高语言使用的正确性，监控语言运用过程，修正错误。同时，也有助于学生生成多种句式，灵活表达思想。语言训练是促使学生更快、更好地吸收语言的有效手段。

1. 促进吸收的语音教学活动

对于中国学生的英语语音学习，节奏常常是学习的难点。节奏包括重音、长短、连读，其中重音起决定性作用，即节奏与句子重音和词的重音关系密切。英语中大量单词都有两个以上的音节，其中有的音节强而有力，被称为重音。单词重音的变化有时会引起词义的改变。

2. 促进吸收的词汇教学活动

掌握词汇的音、形、义三种结构要素是词汇知识教学的基本内容。

(1) 音

"音"是词汇的物质外壳，人类在口语交际中凭借对词音的理解来表达意义。

(2) 形

"形"是词汇的书面形式，词形是在口语的基础上产生的记录语音的书面形式符号。

(3) 义

"义"是人类心理认知活动对一类事物进行概括的反映。词义又分为具体意义和中心意义。具体意义是指词与词所代表的客体的关系；中心意义是指词与概念的直接联系。

在语言交际中，首先要在"音"和代表客观世界的"义"之间建立联系。词汇作为符号，是"音"和"义"的统一体。没有意义，词音和词形的结合就缺乏内容，语言交际就无从谈起。没有词音就谈不上词形，没有词形就无法使用书面语进行交际。因此，无论是口语交际还是书面语交际，必须建立音、形、义的紧密联系。首先，形成词音和词义的联系；其次，形成词音、词义和词形的联系；最后，达成词音、词形和词义之间的直接联系。

语言最基本的功能就是人类的交际工具，语言能力具体表现为听、说、读、写四个方面的技能。英语教学只有通过社会交往活动才能培养学生的交际能力，教师与学生、学生与学生之间用英语开展交往活动是帮助学生获得有效语言输入的主要途径。

3. 促进吸收的听力教学活动

以听力技能培养为例，“听”的过程涉及生理学、语言学和心理学等方面的因素。它既包括对语言知识的辨认，又包括对语言内容的信息加工处理。因此，听力技能覆盖了语言的不同层次，涵盖多项“微技能”。

4. 促进吸收的口语教学活动

口语技能培养应遵循下列原则。

（1）从形式训练到交际性活动的循序渐进原则

语言教学中的许多口语活动以语言形式为中心，目的是帮助学生掌握语言的发音、词汇、句型结构等。为了培养学生的交际能力，口语教学应更多地重视意义的表达，但这并不否认训练的必要性和重要性。从注重形式到注重意义的过渡并不一定与学生的学习阶段完全对应。每个阶段都有不同种类的训练活动，即使学生在语言学习初级阶段也可能进行交际活动。

（2）尽可能为学生创造开口讲英语的情境

针对有些学生怯于开口讲英语的现象，教师应结合实际生活模拟情景，努力营造浓厚的学习氛围。利用积极的情感反馈，消除学生的心理障碍，鼓励学生积极参与课外活动、培养学习兴趣、体验成就感，让他们获得学习英语的内在动力。

(3) 正确对待口语表达的流利性和准确性

口语表达的流利性强调意义的完整表达，而准确性强调语言形式的正确使用。过于重视流利性而忽视准确性，很可能使语言难以理解；过于重视准确性而忽视流利性，则可能使意义表达缺乏连贯性。以纠错为例，若过分重视流利性而很少纠错可能导致学生形成错误的语言表达方式，则会在交际中影响听者的理解，影响交际的顺利进行；过分重视准确性而经常纠错可能导致学生情绪焦虑，或导致学生对英语学习产生抵触心理。

5. 促进吸收的阅读教学活动

阅读技能也是由一系列微技能组成的，具体如下：

(1) 识辨语音、词的特征和语法关系，以理解语言的表层意义。

(2) 预测阅读内容，学生在阅读过程中不断验证和修正自己的预测，这正是学生（读者）与材料作者之间的互动。

6. 促进吸收的学习策略教学活动

事实上，正确运用学习策略也是促进学生语言吸收的有效手段。学习策略指为有效实现学习目的，学生有意识采用的学习行为及方法。培养学生的策略意识就是指培养学生在学习过程中的自我监控能力、自我调节能力，以提高自身的认知操作水平。具体来说，策略培养就是锻炼学生对自己认知过程的思维，是他们的大脑对信息的表征、组织、储存、提取过程的思维。根据学生的心理过程特点，学习策略可分为元认知策略、认知策略、情感/社交策略三种。

元认知策略由元认知知识、元认知经验及元认知监控三部分组成。元认知知识又分为三部分：个人知识、策略知识和任务知识。元认知经验指的是学生在学习过程中的感受。元认知监控指的是学生监控、管理、评估及调整学习活动的过程。元认知策略指学生利用元认知知识，结合自己的元认知经验，调控学习过程所采用的策略。例如，计划、自我管理、自我监控、自我评估等。学生充分利用各种学习资源促进对外语的学习，主动拓展接触外语信息的渠道，寻求学习机会，这些也属于元认知策略。此外，学生通过各种手段分析学习中的任务需求、语言需求、注意力需求、情感需求，并根据各项需求分析安排自己的学习能力也属于元认知策略。有声思维是培养学生自我监控、自我管理意识的一种有效方式。譬如，教师引导学生在阅读过程中说出自己对阅读信息的理解，使他们学会思考、预测和验证，形成自我监控能力。

认知学习策略指学生为了解决具体学习问题而采取的学习策略。按照语言的“听、说、读、写”各项技能来说，可以分为普遍适应式学习策略、词汇策略、听力策略、阅读策略、写作策略等。普遍适应式学习策略不受学习目的和环境的影响，适用于多种学习目的和活动。这类策略包括联想、概括、演绎/归纳、词义猜测等。

情感/社交策略属于非智力因素。情感策略的目的是帮助学生在学习过程中保持良好的情绪状态，如移情，即通过换位思考等方式体验他人的情感。其他常见情感策略有析疑、合作、自我激励等。常见的社交策略有合作、求助、释义、非语言交际等寻求与他人用目的语交流的机会。例如，教师引导学生通过合作解决独自一人可能难以解决的问题，这么做可以增强学生的自信心，减少学生的焦虑感。

（三）输出策略

语言输入是指学生听到或阅读到的并能作为其学习目标的语言信息；语言输出是指学生产生语言成果的过程，包括语言知识的输出和语言技能的输出。

语言知识通常指语音、词汇、语法规则等方面的知识。学生对这些知识的掌握程度关系到语言表达的准确性。正确的语音、语调不仅是口语交际的声音符号，更是交际者有效传达信息的重要手段。词汇是句子的组成成分，学生必须掌握丰富的词汇，才能准确、恰当地表达思想。语法规则知识是学生组织词汇、句子，进行言语表达的基础。如果学生缺乏基本的语言知识，就不能正确表达，交际的有效性也就难以保证。

因此，语音、词汇、语法规则是组成语篇材料的基石，是将思想转为言语或文字的重要手段。尤其是在书面语表达中，语言知识运用要更加正式和复杂。

三、教学管理优化策略及实践分析

（一）时间管理策略

课堂教学过程是一个动态的过程。教师、学生、教学环境三者之间发生相互作用，以此促进教学目标的实现。现代课堂管理注重建立良好的课堂环境，保证良好的课堂活动秩序。同时，有效的课堂管理还应当能够保持课堂互动、促进交流，因为课堂活动从本质上说就是一种寻求师生之间、学生之间对话的实践交流活动。课堂活动的最终目的是促进学生的持久发展，因而课堂活动本身也具有持续发展的特点。课堂管理必须调动各种可能的因素，挖掘课堂的活力。

可见，课堂的有效管理就是在最大程度上促进学生参与学习活动，使教师有效地利用教学时间，确保高效率的教学。因此，课堂管理的一个重要目标是尽量争取更多的时间用于学习。

1. 课堂时间的分类

（1）分配时间

分配时间是指教师按照课程表为某一特定学科确定的学习时间，在这里特指为英语这门科目所设计的学习时间。

（2）教学时间

教学时间是指教师完成常规管理以及管理任务（如考勤、处理课堂行为问题等）之后所剩余的用于教学的时间。

（3）投入时间

投入时间是指学生实际上积极投入学习或专注于学习的时间，也称专注于功课的时间。

（4）学业学习时间

学业学习时间是指学生以高度的成功率完成学业功课的时间。

学生课堂时间分配的质量，如投入时间和学业学习时间，与他们的成绩呈明显的正相关。分配给教学的时间并不如学生投入学习的时间和完成学习的成功率那么关键。因为即使教师安排学生参与教学活动，如果学生并不配合，这样的安排对提高学生学习成绩也就没什么用。可见，为学生争取更多的学习时间，实质上是指让学生参与有价值的学习活动，从而提高他们单位时间的学习效率。

2. 时间管理策略

为了提高课堂时间的利用率，教师可采用下列时间管理策略。

（1）提高学生参与课堂教学活动的积极性

提高课堂时间利用率最有效的途径就是提高学生的参与程度。教师应提供给学生较多的积极参与学习活动的机会，尤其要鼓励学生形成并参与结构完善的合作学习。

（2）保持课堂活动安排的紧凑性

教师在上课时尽量避免打断或放慢教学进度，保持教学的良好紧凑性，这是保证学生高度参与学习活动的关键。在一个能够保持课堂活动安排紧凑的环境下，学生总是有事可做，并不会被轻易打断。例如，如果教师突然中断上课，花上几分钟去处理一件完全可以课后处理的小事，就会对学生的参与性产生极大的干扰。这不仅会浪费课堂时间，而且学生过后要花费更多的时间稳定情绪，将思路转到功课上来。

（3）保持课堂活动安排的流畅性

保持课堂活动安排的流畅性是指教师合理而又富有技巧地将学生从一项学习活动引向另外一项学习活动，而不是毫无过渡地从一个主题跳至另外一个主题。教师安排的教学活动如果缺乏流畅性，如重复复习学生早已掌握的知识，或无端地停止讲课去思考下一个问题或准备材料，都会影响学生对学习活动的参与程度，影响他们单位时间的学习效率。

（4）形成课堂活动之间的良好过渡

课堂活动之间的良好过渡指学生从一项学习活动向另一个活动的变化，如从单词讲解到实物演示，从小组讨论到个体发言等。过渡被视为课堂管理的“缝隙”，最容易发生课堂问题。因而，教师在引导学生过渡时，应给予学生一个明确的信号，使学生理解将要进行的活动或内容。

(5) 鼓励学生进行自我管理

如果学生能学会很好地管理自己，就能大大提高学习时间的利用率。例如，教师通过让学生参与课堂规则的制定，反思制定某些规则以及产生不良行为的原因，引导学生考虑他们将如何计划、监督和调节自己的学习行为，并对照规则，反思自己的行为，以补充完善已有规则。当然，鼓励和引导学生发展自我管理的能力可能要花费额外的时间，教师也要付出更多的精力。但是，从学生的长远发展角度看，这些努力都是值得的。

(二) 纪律管理策略

纪律管理是有效教学的重要保证。课堂管理是指那些能够有效鼓励学生参与课堂学习的话语、行为和活动，而纪律是指评判学生行为是否恰当的标准。课堂纪律是维持课堂秩序的手段，是课堂活动顺利开展的保证。课堂纪律同时还具有社会功能，具有内化道德规范、促进学生健康成长的作用。

课堂纪律管理包括正常纪律的维持和违纪处理两个方面。维持正常纪律的目的是建立课堂上的和谐人际关系，主要包括师生关系和学生之间的关系。和谐的师生关系表现为教学相长、尊师爱生；学生之间的和谐关系表现为学生之间互帮互助、团结合作。学生间形成积极的竞争关系，既有利于提高学生的学习积极性，也有利于其潜能的充分发挥。教师要帮助学生在合作和竞争中达到一种平衡，以建立宽松的教学环境。

正常人都具有自制力，能够管理、调节和控制自己的行为。如果教师过分严格地约束学生的行为，学生反而容易产生抵触心理。可见，纪律的维持既不是采取生硬的措施来控制学生，也不是放任自流。既要采取必要的策略维护和谐的课堂气氛，又要给学生一定的自由度，这样学生才会与教师密切配合，共同维持好课堂教学纪律，在和谐融洽的气氛中愉快地参与教学活动。

就课堂纪律来说，预防学生违反纪律比矫正学生的问题行为更重要。要想保持良好的课堂秩序，教师可采取下列纪律管理策略：

1. 从教师自身角度出发采取的策略

教师采取各种措施促进良好的纪律管理。比如，教师事先知道学生的姓名；提问时按照姓名而不是座次顺序；要求学生在教师讲话前要保持课堂安静；教师周密地计划好课堂活动，确保学生在课堂活动中自始至终都有事可做；公平地对待每一个学生；等等。

2. 从学生角度出发采取的策略

在很多情况下，教师应借助集体的作用维持课堂纪律。例如，教师可以组织小组活动，让学生互相监督，在培养学生良好的自我管理能力的同时，促进课堂秩序的良好维持。课堂活动的设计应考虑到学生的个性差异，充分利用学生的多元智力倾向特点。此外，值日班长制度也能够促进学生自我约束，发挥了纪律策略的作用。

3. 从学习任务角度出发采取的策略

学习任务的设计能够促成良好的纪律策略。比如，教师可以根据所学内容，设计一些游戏活动，激发学生的学习兴趣，促进学生的参与，这样自然有利于课堂纪律的维持。

4. 正确处理课堂管理和教学之间的关系

课堂管理与教学具有不可分割的关系。如果教师只是将精力和时间全部投入教学活动中，一味地追求促使学生解决问题，而忽视了课堂管理系统，那将是极其危险的。因为教会学生有效利用和控制自己的社会行为与教会学生管理和控制认知同等重要。

事实上，即使面对学生的问题行为，我们也不主张进行简单的批评或惩罚。教师要针对学生的具体情况，开展认真细致的思想工作，选择恰当的处理时机，循循善诱，动之以情，晓之以理。针对学生的具体情况，发现问题行为产生的根源，采取适当的措施，使学生真正认识到自己行为的错误所在，从而决心改正课堂上的不良行为。教师应掌握一定的心理学理论，采用心理辅导的方式，帮助有情绪障碍的学生正确认识和评价自我，帮助他们确立自信心，培养学生的自我调节能力，使他们形成健康的人格。

第三章　跨文化交际视角下高校英语教学的改革

第一节　跨文化交际视角下高校英语教学的意义

随着全球经济一体化的推进，世界各国之间的交流与合作更加频繁。全面提高英语教学的效率和质量，提高学生的英语应用能力，既是我国经济发展的迫切需要，也是我国高等教育改革发展的紧迫任务。教育界越来越认识到语言与文化的关系已成为英语教学的一个重要课题。英语教学不仅是语言知识的传授，更是文化知识的传播。因此，是否将跨文化教育纳入英语教学内容，是区别传统英语教学和现代英语教学的主要标志之一。高校英语教学在尊重不同文化的前提下，应将跨文化教育有目的、有计划地渗透入教学中，促进不同文化间的相互了解、相互借鉴。所以，高校英语教学中加强跨文化教育的意义与作用包括以下几个方面。

一、满足英语教学发展

人们的语言表现形式总是受到各种社会文化因素的制约，人们在跨文化交际的语境中因为文化障碍而碰壁的“文化冲击”现象时有出现。文化错误要比语言错误严重得多。因为语言错误至多是言不达意，无法把心里想说的东西清楚地表达出来；而文化错误往往使本族人与异族人之间产生严重误会甚至敌意。只有具备了一定的跨文化交际能力，说话者才能有效地避免由于不同文化背景而造成的交际障碍和交际摩擦，顺利达到交往的目的。因此，英语教学不仅包括语言教学，而且应该包括文化教学。任何一种民族语言都是该民族文化的重要组成部分和载体。在语言材料中，篇章、句子甚至每个词无不包含着本民族的文化信息。将英语教学与文化教学相结合，有助于学生开阔眼界、扩大知识面、加深对世界的了解、借鉴和吸收外国文化精华、提高文化素养，这已成为广大英语教育工作者的共识。

二、适应新时代中国社会经济发展

随着我国改革开放的深入开展，国际交往日益频繁。我国需要更多的国际人才从事国际贸易、处理国际事务，加强国际文化交流。国际化人才的标准不仅是知识结构的优化和语言能力的强化，更重要的是了解外国文化传统和交往礼仪、具有跨文化的交际能力。跨文化交际能力是在对双方文化相互理解的基础上，通过文化的双向交流、互动实现的。要顺利、得体地与外国人交往，仅有丰富的词汇和地道流利的语言表达是不够的，还必须了解他们的历史、习俗、生活方式和价值观等。为了培养能胜任对外交流工作具有国际竞争能力的英语人才，高校英语教学要重视跨文化教学，把高校英语教学的重点，由培养学生的听、说、读、写能力转变为培养学生全面交流的实用交际能力。在高校英语教学中，要重视文化差异的导入，加强学生对不同文化背景的了解，拓展学生的知识面。这将有助于学生形成跨文化交际的能力，为国际化人才的培养打下良好的基础。

三、促进大学生的社会性发展

人是社会中的人，并承担一定的社会角色。个人与社会之间是相互依赖、相互影响的。人在社会中生存和发展，必须学习，而学习又离不开社会的方方面面。通过学习引导学生认识与自己生活密切相关的社会环境、社会活动和社会关系，让他们不断丰富和发展自己的经验、情感、能力、知识，加深他们对自我、对他人、对社会的认识和理解，并在此基础上帮助他们养成良好的行为习惯，形成顺应社会发展的道德观、价值观和判断能力。高等教育就是大学生社会性发展的推动力。今天，我国青年的社交对象更多元，社交方式更多样。应通过跨文化教育来培养学生与不同的人进行合作的意识，提高他们跨文化交际、交流的能力，这有利于他们认识到世界的发展、社会的进步。所以，跨文化教育与当代青年学生实现社会化的目标不谋而合，其目标与理念都是追求平等、尊重差异和倡导合作。我们应该认识到英语教学中的跨文化教育不是空泛的，社会发展也必将使跨越不同文化的人类交流愈加频繁。注重跨文化教育，能增强不同文化之间的认同感和包容性。能够懂得互相尊重、平等合作的精神和能力，也是学生在现代社会和未来社会生存与发展的最基本的能力。促进语言和文化的发展，以及不同语言、文化间的交流和沟通，这是大学生社会性发展的需要。

四、顺应高等教育国际化发展的趋势

凝练、提升世界高等教育的主流意识，是进一步深化高等教育办学理念的基础。实施跨文化教育已成为高等教育发展的必然趋向。它有助于我们学习国外的先进教育理念与办学模式，理性地看待中国高等教育与民族文化，综合考虑全球性与民族性的问题。我们要找到本土经验与国际经验的交融点，从而把握主流意识，创新发展，突出特色，进一步促进我国高等教育的发展。随着全球经济一体化进程的推进，中国高等教育中外合作办学不断发展。在办学的过程中，由于教育主客体的多元化、教育环境的多元化、信息来源的多元化、思维方式的多元化以及社会习俗的多元化，人才培养的过程必然受到影响。由此，研究中外合作办学过程中的跨文化教育意义重大。

我国高等教育面对的不仅是国内市场的挑战，还有世界范围内市场的挑战。现在对国际型人才的需求在全球范围内日益增加，这无疑对世界各国高等教育发展与改革起到了推波助澜的作用。中外合作办学是一种世界各国文化平等、双向碰撞、交流融合的有效形式。跨文化教育已被世界各国特别是经济开放型国家视为促进本国与国际社会经济交流、迎接国际经济竞争挑战的一种战略性手段。全球一体化对各国的商品、服务、信息，尤其是人员的跨境开放，已经使大学教育成为加速全球一体化进程、增加相互了解的最有效途径，也可以说大学教育正史无前例地变成提升国家竞争力的代表。办学多元化的发展使越来越多的高校通过多种方式不断增强自身的软实力，逐步从培养各类高级人才的全球意识出发来关注、推动跨文化教育发展。

不管是教育家还是科学家，要取得国际认同的成果，都必须进行国际交流。在这种交流中必然伴随着思想文化的交流与融合，英语作为交流的工具就要顺应这一潮流。因而在加强英语教学的同时，必须强化文化教育。使这种文化载体和传播媒体充分发挥传播、融合不同区域、不同属性文化的功能，促进国际经济交流、科学技术的发展。所以，在英语教学中要鼓励采取比较研究方法，增强交叉学科开设，增加人文社会科学教育知识，加强各院校、学科、专业、课程之间的沟通与交流，增进互补。将英语语言教学与英语文化教学有机结合，培养的人才要朝着复合型知识结构的方向迈进，使跨文化教育发挥应有的功能，并促进社会经济效益发展。

中国高等教育部门要重视并加强跨文化教育，使我们培养的大学生既了解世界文化，又成为中华优秀传统文化的传播者、宣传者。另外，突破文化差异的障碍、掌握不同文化差异背后的共同本质和规律，也是高校加紧跨文化教育的重要使命。世界范围内，文化差异仍然存在，不同文化背景的人在交往中因缺乏不同文化的了解而产生误解，甚至还可能产生文化冲突，有效的方法就是通过跨文化教育来增加国际的互相理解。这一切都要依靠高等教育。要加强与世界先进国家之间的沟通与交流，就要顺应高等教育国际化的发展新趋势。这就要求在英语教学中将跨文化教育提高到应有的高度，引起教师和学生足够的重视，尽快转变他们的观念，提高他们的认识，促使他们采取措施。

第二节 跨文化交际视角下高校英语教学的改革策略

一、提高教师的跨文化综合素质

作为英语教师，自身应具备很强的跨文化意识。这需要教师通过各种方法丰富自己的英语文化知识，对跨文化交际和比较文化差异有深刻的造诣，不断提高自身的文化修养。高校英语教师是高校英语习得的主要引导者，是沟通学生个体文化和英美文化的桥梁。高校英语教师所具有的跨文化知识的多少和意识的强弱，将从根本上直接影响学生的跨文化素质及其最终的跨文化交际知识与技能的习得及运用。虽然，目前已经有高校英语教师在高校英语教学过程中意识到了跨文化教育的重要性，并且也尝试着在高校英语教学过程中进行跨文化教育，但是由于缺乏跨文化教学理念的指导和实践的经验，因而步履维艰。所以，跨文化教育的发展首先应当加强高校英语教师的跨文化教育能力，提高高校英语教师的跨文化素质。

（一）英语教师必须不断提高自身的文化修养

作为一名英语教师，必须不断学习，可以通过结交外国朋友、观看各种形式的文学作品、欣赏格调高雅的外文歌曲等各种渠道来了解外国文化，不断提高自身的文化修养，提高自己进行跨文化教育的能力和水平。首先，教师要熟悉教材中的语言文化知识及文化特点，尤其是英语国家的典型文化背景知识；其次，英语教师要具备双重文化的理解和教授能力，既不能死抱着本民族文化不放，也不能只注重对英语国家文化的讲解；最后，教师在教学中要注重培养学生的社会文化洞察力。在课堂上，教师在教授英语知识的同时，应引导学生去注意作品的社会文化背景，揭示关键词的社会文化含义；或组织小范围的讨论，以培养学生对社会文化的敏感性和分析能力。

（二）对教师继续教育的内容和方式进行改革

首先，在英语教师培训的基础课程中增开人类学、民俗学等课程，在培训内容中增加国内外的历史、地理、文学等知识。通过东西方思想方式和文化差异的介绍、东西方文学的比较，分析文化现象背后产生的原因，帮助教师认识外来文化，理解外来文化，树立多元文化和跨文化视野。

其次，在英语教学的专业课程中，增加“多元文化教育”和“跨文化教育”等内容。这样有助于培养教师的多元文化意识，让他们在课程和教学中，广泛包容和接纳不同文化间的差异。

再次，英语教师继续教育的内容要丰富。教师应具备全球一体化的理念，拥有广博的基础知识，同时在教学与辅导中愿意将各种各样的观点呈现给学生。可见，英语教师在继续教育中必须具备扎实的英语专业知识、语言学基础知识、本民族的语言知识，以及英语教学法知识和英语教学相关的知识，这样才能担当跨文化教育的重任。

另外，在继续教育模式上，可以采取灵活、多样的形式，具体包括：①短期培训计划与长期培训相结合；②进修学习与访问学者形式相结合；③常规交流与专题跨文化教育研究相结合；④国内学习国外进修相结合；⑤脱产教育与远程网络教育相结合。

二、培养学生正确的跨文化心态

胡文仲先生指出，一般来说，一个人学习异国的语言、习俗和社会规则等虽然不易，但并不是不可达到的目标。只要花上足够的时间，具有一定的条件，还是可以做到的。但是，要真正了解另一种文化的价值观（更不用说接受或获得）却极为困难。一个人可以在另一种文化中生活很长的时间，掌握其语言，了解其习俗，但是，仍然可能不理解其价值观的某些部分。这就要求教师在实际教学过程中，不仅要帮助学生将从外部世界获得的知识转化为自己内在的知识，还要培养他们对外国文化的鉴赏能力和判断能力，并运用所学的知识灵活的应对跨文化交际的实践。即让学生达到对外国文化不仅“知其然”，而且“知其所以然”的境地。只有这样，他们才能正确看待外国文化，吸取其所长，补我之所短，将外国文化中优秀的、对祖国建设有用的部分吸纳到我们的文化中来，进而弘扬中华文化。另外，必须帮助学生克服“本民族文化”对英语学习造成的障碍，使学生在认识上有一个提高，克服不自觉的民族中心主义。

由于受本民族文化的影响，在接触另一文化时，人们往往以自己的文化为出发点进行判断。有时表现为文化上的先入为主或“文化偏见”，有时表现为民族中心论，即认为自己的文化是最好、最先进、最标准的文化。美国人类学家克利福德·格尔茨（Cliffard Greertz）指出，对于每个集团的人们，每种文化都始终是以本民族为中心的。即他们认为自己解决问题的办法比别人的办法优越，并且认为本民族的任何思想方法都正确，有逻辑思维的人都会承认它的优越。有意思的是每个集团都把他们自己对世界的看法看作是“常识”或“合乎自然”的看法。基于这一观点，教师要使学生深入对外国文化的了解，抛弃偏见，克服民族中心主义，做到心胸宽广、态度开明，对外国文化采取一种全面、客观的态度，不仅要尊重它们，而且要努力学习它们、理解它们、适应它们，而不是将它们当作荒唐可笑的东西加以贬低和排斥。但是，反过来讲，我们也不应以外国文化为标准，全盘接受外国文化而贬低自己的文化。对待外国文化，我们应理解、适应，而不是被它同化。因此，我们的教师不但要帮助学生以开放的心态学习和认识英语国家的文化，更要鼓励学生通过英语了解世界万象，培养国际意识和合理的跨文化心态。

三、编写新的教学大纲

英语教学大纲对跨文化交际能力和文化素养的培养并未做出具体的要求，如应该掌握哪些情景下的哪些语言功能、哪几种语篇类型、哪些交际策略；应该了解哪些目的语的非言语行为；应该学习哪些目的语的交际习俗、礼仪、社会结构、人际关系、价值观念等。应在大纲现有的四级、六级词汇表中增补学术研究和对外交往中常用的词汇，在词汇释义中加入一些实用性很强的释义，在母语文化和目的语文化中有不同联想意义的常用词汇、习语、谚语等要注明其联想意义，对某些词汇还要注明其语体，而且还要规定向全体学生开设英美文学欣赏、英美文化、跨文化交际学等选修课。一份细致的教学大纲不但为整个教学活动指明了方向，而且也是检查和考试的依据。任何的教学都离不开检测和考试，但由于跨文化教学本身的特点，英语跨文化能力的检测形式应有别于语言技能的检测方式。

四、选择适当的教材

（一）优化课程内容

英语课程可供选择的内容繁多，因此选择的内容必须能鼓励学生积极参与。对事件的反思和分析内容也要有利于揭示不同区域各民族和文化的共性与个性点，同时还应增加体现本民族文化特色的内容。

（二）对英语教材教学内容进行科学的选择

如何选择有效的英语教学内容，本书认为应该遵循以下几个方面的原则。

1. 教学材料真实化和语境化的原则

所谓真实的教学材料，是指真实的交际环境下所使用的，不是专门为教学而设计的材料。真实的教学材料之所以重要，是因为它们将学生的英语学习与现实生活联系起来，这样不仅有利于激发学生的语言学习兴趣和积极性，而且使他们在面对真实的社会交际环境时，能够做到从容面对、学以致用。与材料真实化原则紧密相关的是语境化原则。语境化有两层含义：①避免将语言形式从其使用的环境中脱离出来，进行孤立的、纯语言的分析和学习；②避免将文化信息从其文化意义系统中抽取出来，作为知识进行分析和学习。因为语言和文化必须是一个系统学习的过程，语言和文化的意义只有在一定的社会环境和历史背景下才能够被准确、充分地理解，所以语言与文化教学材料的呈现必须语境化。

2. 尊重各民族文化的原则

教师在英语教学过程中应重视目的语国家民族的文化以及民俗民风，尽可能全面、准确地对目的语民族的文化知识进行介绍，不能回避、乱解、生硬更改内容。教师应以跨文化教育目的为出发点，有目的地介绍目的语民族文化的特点和值得学习、吸收借鉴之处，引导学生获得全面准确的目的语民族文化知识，并具备不断更新知识的能力。

尊重民族文化的原则应包括尊重使用同一目的语的不同民族、不同区域的民族文化传统。这就要求教师在教学内容上进行科学选择。首先，要增加非目的语民族的文学作品，只有读了这种英译本，在交际中才能准确表达非目的语民族的文化；其次，扩大包含目的语和非目的语民族的政治、经济、社会风俗等内容；再次，音像教学的内容要多样化，让学生听到和习惯各种不同的语音、语调；最后，增加具有中国历史文化特色的英语词汇、短语、句子等，促进中华优秀传统文化的传播。

3. 注重培养跨文化意识、能力的原则

教学内容应将文化内容和英语语言教学紧密结合起来，选择有异国文化习俗、历史背景、民间故事、传说内容的教材。这样有助于学生形成有效的跨文化意识，有助于学生具备跨文化的比较、参照、取舍、传播能力，也有利于培养学生实际运用英语的能力。

五、改革跨文化测试的内容与形式

跨文化测试的内容应包括具体文化和抽象文化两个方面，以及文化知识、文化意识、文化态度、文化行为等多个方面，所以采用的评价方法和手段也应多种多样。跨文化知识的测试可以采用填空、选择、正误判断等传统的客观题形式。重要的是将学生应该掌握的文化知识通过各种测试手段全面、系统地予以体现。跨文化行为的测试既可以采取笔试形式，通过设置模拟现实的任务让学生书面应答，也可以通过直接观察学生真实的行为表现来进行评价。目前，高校英语口语考试已在全国推广，在英语四、六级考试试题中，检测学生语言运用能力、目的语文化知识和跨文化交际能力的内容有很大幅度提高，这都说明英语语言运用能力的测试迈出了可喜的一步。

六、其他形式的跨文化教育

跨文化教育不但可以在语言教学上进行，而且还可以利用其他形式进行有效的推广。

(一) 利用多媒体教学手段

多媒体教学手段被大量地应用于现代英语教学中，这种集图、文、音、像等为一体的互动教学形式，大大增加了课堂教学信息量。不仅有利于学生提高语言交际的积极性，更有助于他们提高跨文化交际的能力。日益发展的多媒体技术为英语教学中的跨文化教育开辟了新的渠道。它可以将各种跨文化交际情景真实地展现给读者，让他们有一种身临其境的感受，使英语跨文化教育效果得到明显提升。

(二) 充分利用外教资源

中外合作办学的推广，一个行之有效的形式就是互派教师。这已成为跨文化教育师资不可替代的力量，可以弥补本国教师无法接触到也体会不到的文化内容。通过外籍教师切身讲解、传授他们本国的文化，可以使学生直接感受到其他国家文化与本国文化的差异与共同规律。同时，由于外籍教师本身也正经历着所在国家文化的冲击与熏陶，更可以从自身的实际出发，体会跨文化的感受，指出跨文化交际中所应注意的事项。

(三) 利用教育网站

当前，英语学习可以通过英语电影、电视、幻灯片、录像、多媒体、互联网等多种形式、尤其是互联网为英语的教学提供了丰富的信息，像中国教育网、中国教育热线、中华教育网等网站中就有相当多的英语国家文化背景知识和其他相关信息。教师可以在网络上寻找适合学生阅读的文化背景知识，挑选代表性的知识，通过下载、网址收藏等形式提供给学生，也可以引导学生浏览相关网页。这样不仅可以扩充教学内容，而且知识更新及时，能紧跟时代步伐。这样也符合现代大学生对于网络感兴趣、接受新事物快、对新事物也很感兴趣的特点，使得英语文化背景知识的获得与接受变得更加快捷，掌握起来也较轻松，学习效果也较好。

通过网络获取英语国家的文化背景知识大大提高了语言学习的效率，有效帮助了学生使用地道的英语进行交际，提高了学生运用英语交际的能力。

（四）举办专题跨文化知识讲座

专题讲座已成为学术交流、前沿知识传播的有效方法。其优势体现在：①主讲人对主讲的内容有充分准备，并且对如何将内容进行最有效传递有充足的设想，讲解也较生动形象，效果也较好。②一般专题讲座内容、题材等都是学生关注或感兴趣的，因而学生会带着问题且抱着较大的兴趣来听讲座。这样学生在一种有别于课堂的环境中轻松地接受、讨论跨文化知识，在良好的氛围中增长跨文化知识，提高跨文化交际应用能力。

为了将跨文化专题讲座的效果发挥到最大，应对主讲内容有目的、有计划的科学安排，将其渗透到每学期的教学内容中，采用专题形式分别进行，如中外风俗差异、中外民间传说等。这样，经过一段时间训练之后，学生对于跨文化知识的系统性认识将会有很大提高，学生对目的语国家文化整体的认知也会逐渐提高。

第四章　跨文化交际与高校英语教学的融合分析

第一节　跨文化交际与高校英语教学融合概述

英语语言文化是高校教学内容的重要组成部分，跨文化语言交际能力培养在高校英语教学中具有十分重要的意义。高校英语教学不能只停留在传授机械的语言知识的层面，而是要深入研究英语的语言文化背景，培养学生的思维探究能力和语言应用能力，不断提升学生跨文化交际的能力。高校教育注重培养全方面发展的高素质文化精英。因此，在英语教学过程中，教师要树立理论与实践相结合的教学理念，在打好语言知识基础的前提条件下，注重培养学生英语语言的实际应用能力，不断提高英语教学的水平。

高校英语教学的最终目的是培养学生进行跨文化交际的能力。由于世界各民族文化存在差异，不同的语言文化自然会呈现出不同的语言形态。因此，在高校英语教学过程中，教师不仅要指导学生认识中西方语言的差异性。还要积极引导学生探究中西方文化的差异性，只有联系语言环境，把握不同文化与语言之间的内在发展规律，才能更好地掌握英语语言。这样学生才能更好地学以致用，有效地进行跨文化语言交际。

高校英语教学逐渐由以前的结构主义理论和教学方法转向交际性教学原则和方法。与此密切相关的原则就是交际教学中语言与文化的关系。新的教学大纲对于英语教学的交际性原则、语言与文化的关系等做了较为明晰的论述。《高等学校英语专业英语教学大纲》对文化教学的要求是：熟悉中国文化传统，具有一定的艺术修养，有较扎实的汉语基本功；熟悉英语国家的地理、历史、发展现状、文化传统、风俗习惯；具有较全面的人文知识和科技知识，掌握基本的数理化知识；具有较强的英语口头和书面表达能力；具有较强的创新意识和一定的创新能力。根据这些要求，专业课程的教学要注重培养学生对文化差异的敏感性、宽容性以及处理文化差异的灵活性。有效地在高校英语教学中培养学生交际能力的第一步，就是扩张交际能力培养与文化教学之间的壁垒。

一、关于交际能力

卡南尔（Kanale）和斯温纳（Swain）认为，语言交际能力包括语法能力，即语音、词汇、语法等语言知识；社会语言学能力，即语言使用的社会规则和话语使用方式；会话能力，即超出句子层面的语篇交际能力；应变能力，即语言和非语言的交际能力。

卡南尔和斯温纳所建构的语言交际能力模式，比较贴近语言教学实际，但没有超脱母语教学的范围，与以不同的文化背景为特征的第二语言教学仍有一定的距离。

美国外语教学协会在其提出的外语能力学习中已将文化教学列入交际能力的内容，他们认为交际能力应包括下列五个方面的内容。

（1）语言，指掌握语法知识。

（2）功能，指运用“听说读写”四个技能的能力。

（3）语境，指选择与所处语境、话语场所相适应的话语。

（4）交际者之间的关系，指根据对方的身份、地位、社会距离，说出合乎自己身份的话语。

（5）社会文化知识，语言是一种社会实践。

其中，后三个方面综合起来就是一点：语言得体性。也就是说，学生在语言能力方面，应掌握扎实、宽泛的语言知识和言语技能，熟悉语言结构和语言单位所隐含的民族文化成分；在语用方面，能够识别所学语言文化特有的语言和非语言行为，并能解释其功能，具备超越句子的篇章交际能力，懂得不同语境中语言使用的社会规则和话语使用方式，了解不同语言行为的民族文化定式，熟悉话语的文化背景和文化契约；在行为能力方面，了解不同社会背景人的语言特征，并能用适当的言语行为和非言语行为表达不同的人际关系，熟悉并能主动适应不同社会环境的语言行为习惯和方式。

交际能力的培养就是使学生在与对方交流，根据话题、语境、文化背景讲出得体、恰当的话。这种能力反映学生对该语言所代表文化的了解程度。语言得体性离不开社会文化知识的支持。文化语言学研究表明，语言中储存了一个民族所有的社会生活经验，语言反映该民族文化的全部特征。儿童在习得一种民族语言的同时，也就是在学习该民族的文化。所以，语言和交际不可能脱离文化而单独存在。因此，不了解该文化也就无法真正学好该语言。

二、文化教学的概念

文化教学概念在理论上源于人们对语言功能的新认识和语言与文化关系研究的新成果。胡文仲将英语跨文化交际学所指的文化教学的主要内容概括为以下四个方面：在教授语言（语音、语法、词汇、文体）的同时结合语境、文化背景和文化内涵教学；分析学生由于文化因素干扰造成的语言错误，从而提高学生对文化的敏感性，使他们认识到跨文化交际绝不只是掌握语言形式就能顺利完成的；开设所学语言国家的历史、文学、概况等课程，系统地传授文化知识；开设语用学、语言国情学、语言与文化、跨文化交际学等课程，从理论上提升学生的跨文化交际能力。

应该说文化教学针对的是传统教学模式中只注重语言本身的问题。文化教学是英语教学的一部分，文化教学不能脱离语言教学本身。文化教学应该是英语教学的基本原则，是英语教学的有效手段、重要内容和主要方法。

三、文化教学的作用

由于语言和文化是不可分割的，所以在语言教学中渗透文化教学是十分必要的。特别是教师可以利用现代的多媒体，向学生传递丰富多彩的文化知识。通过教学双方的共同努力，可以对学生和教学效果产生双重效应。

（一）文化教学可以优化学生的能力结构

跨文化交际的成功有赖于对不同文化模式的了解。文化教学致力于揭示英语教学中的交际文化，必然会涉及不同的语言结构、认知和交际知识，以及身势语、社交礼仪、交际环境、交际方法、交际态度等方面的非语言文化知识。这无疑能促进学生英语应用能力的提升，避免或减少跨文化交际失误，解决说什么、怎么说的问题。

（二）文化教学可以提高学生的社会文化敏悟力

文化敏悟力指的是透过语言的外表，对语言深层次结构的综合理解能力，在英语教学中属于背景知识教学的范畴。英语教学的目的是培养学生的跨文化交际能力，而文化敏悟力本身就是一种交际能力。跨文化交际的敏悟力的提高可以分为四个阶段：首先是产生好奇心；其次是与本民族文化进行比较，意识到一些难以想象或不合道理的细微复杂的文化特点；再次是在此基础上，通过理性分析认为这些文化特点是可信的；最后通过与本民族文化的比较，体会和了解这一文化，并学会在适当的场合运用这一文化。教师应鼓励学生通过读外国文学著作、看外国电影和纪录片等方式了解世界各国的风土人情。在课上和课外，教师要有目的地组织文化观大讨论，进行不同文化、风俗、习惯的比较，让学生产生文化比较的意识。

（三）文化教学可以激发学生的学习兴趣

学生是否能学好英语，兴趣是一个重要的因素。因为有了学习的兴趣才会有学习的动力，才能激发学习的主动性和能动性，让学生充分发掘和发挥自身的能力。文化教学无论在方法上还是在理论上都有别于传统的语言教学。其中最显著的特点是不局限于对语言材料做机械的、枯燥的解词释义，即就词讲词或就语法讲语法，而是通过语言看文化，通过语言文化的比较来了解不同民族的生活习惯和不同的语言特点，使教学内容由原来的枯燥、单一转向丰富、生动，从而引起学生探索语言的热情。

四、交际能力与文化教学的关系

交际能力与交际环境和文化之间是密切相连的，但不同文化的成员对于交际行为会做出不同的解释。简单地讲，交际能力就是要有与他人进行有益对话的能力，有与陌生人交往的能力，有处理与别人交际时出现的误解的能力，有适应不同文化、不同交际风格的能力，有建立和维护人际关系的能力和准确理解别人情感的能力，有与别人建立有效合作的能力和情感同化的能力，有与采用不同社会习俗和行为方式的人进行成功交际的能力等。

英语教学的根本目的就是实现跨文化交际，就是让学生能与不同文化背景的人进行交流。全面提高英语教学的效率和质量，大幅度提高学生的英语应用能力，既是中国国民经济发展的迫切需要，同时也是跨世纪中国高等教育的一项紧迫任务。为了实现这个目标，需要我们正确认识到英语教学是跨文化教学的一环，将语言看作是与文化、社会密不可分的一个部分，并在教学大纲、教材、课堂教学、语言测试以及英语的第二课堂里全面反映出来。跨文化交际者不能仅仅掌握有关文化差异和文化标准方面的知识，因为该知识尚不能保证可以在相互交际过程中从陌生的表达方式里识别出不同的文化差异和文化标准。

在英语教学中，文化教学是一种特有的形式，是一种教学手段，它不是教学的本体而是教学的辅助。英语教学和文化教学之间的关系应该具有同步性、互补性和兼容性。所以，在英语教学中渗透文化教学能优化学生的知识结构。通过语言学习目的语国家的人文、历史、地理、政治、经济、教育以及民族心理、伦理道德、行为规范、价值观念等一系列的知识，来丰富学生的知识，激发学生的求知欲。

五、高校英语教学引入跨文化交际的必要性

（一）英语教学和跨文化交际

英语教学的最终目的是使学生运用所学的语言进行交际，跨文化交际既是英语教学的目的，也是英语教学的手段。在英语教学中应体现交际性，不但要传授语言知识，而且要将语言知识运用到一定的交际情景中。美国外语教学协会在其提出的外语能力学习中已将文化教学列入交际能力的内容。他们认为语言首先是一种“社会实践”，交际能力应包括语言、功能、语境和交际者之间的关系。语言指掌握语法知识；功能指运用听、说、读、写四方面的能力；语境指选择与所处语境、话语场合相适应的话语；交际者之间的关系是指根据对方的身份、地位、社会距离，说出合乎自己身份的话语。其中后三个方面综合起来就是语言交际的得体性。交际能力的培养就是使学生掌握在交流场合中根据话题、语境、文化背景讲出得体恰当的话语的能力。因此，在英语教学中，跨文化因素的导入能够使学生更清楚地认识到英语的结构和本质，能够预测、解释、改正和消除母语对英语学习可能产生的障碍，极大地提升英语教学的效果。

（二）语言教学和文化教学

语言是文化的一部分，是一种民族文化的表现与承载形式。人类通过语言沟通彼此的思想和感情，同时，语言也承载着前人的劳动和生活经验，记录着民族的历史，反映着民族的经济生活，透视出民族的文化心态，蕴含着民族的思维方式，是文化的载体和结晶。人类在创造文化的过程中必须交流思想、协调行动，而语言则是人类最主要的交际工具。与此同时，语言作为思想的直接体现，也是信息和知识的载体。

一个民族各层次的文化必然会在这个民族所说的语言上留有印记，由此体现了语言的文化载储功能。而文化作为语言表现的基本内容，制约着语言的形式。文化不断地将自己的精髓注入语言之中，丰富和更新着语言的文化内涵。语言是随着民族的发展而发展的，语言是社会民族

文化的一个组成部分，二者密不可分。世界上不存在脱离语言的文化，也不存在脱离特定文化背景和内涵的语言。因此，不了解文化就无法真正学好该种语言。

（三）语言能力和交际能力

从广义上来说，交际能力包括语言能力和语用能力。交际能力是语言的构成规则和语言的使用规则在一定情景中的具体运用。作为交际工具的语言不能成为脱离交际活动实践的封闭系统，交际能力的培养必须建立在语言能力的基础之上。从狭义上来看，语言能力也不是指自说自话。它既指规范语言本身，又指规范语言的合理应用。正是在这个意义上，人们同意在性质上对同一事物做以下双向度的区分和描述：语言能力、交际能力。我们应充分注意20世纪50年代以来在世界范围内发展起来的一门学术及应用学科——跨文化交际，又叫“比较文化”。它强调对语言进行整体研究，强调语言的应用，强调反映语言和语境的关系，强调注意说话者、听话者、话题、交际方式、时间、地点的统一。

交际能力正是语言的基本结构在语境中的复现，它使语言知识在语境中得以应用。任何话语的运用，往往都同时完成三种行为：一是言内行为，指一切以语言表达的有意义的话语以及按句法规则连接的词所表达的概念、意义；二是言外行为，指依照说话人和听话人之间存在的特定关系而进行的言语行为；三是言后行为，其功能并不直接体现于话语之中，而取决于言语的情境。在这里，言内行为已超脱传统意义上的语义学、句法学的范畴，而是视言外行为和言后行为的需要呈现出语言所固有的丰富品格。也就是说，三者协调一致，共同完成话语的表意功能。

（四）语言、文化与交际“三位一体”的关系

在由语言、文化与交际共同构成的人类活动体系中，语言是重要的交际模式，文化是交际依存的环境，交际是信息传递的过程。交际不仅传递了思想内容，而且传递了有关交际双方之间关系的信息。前者主要是通过语言手段传递，后者往往是通过非语言手段传递。在整个交际过

程中，语境起着非常重要的作用。语境包括两方面：地理位置和周围布置等客观环境、场合特点和人际关系等社会文化环境。这些环境因素不仅直接影响语言的使用和非语言行为，而且对所传递信息的感知和理解也产生影响。而环境本身蕴含丰富的文化内容，来自不同文化背景的人会对相同的客观环境和社会文化环境持有完全不同的理解。因此可以说，文化决定着语言和交际。

语言的使用反映了人们的价值观念、生活方式和思维习惯，而社会文化的发展变化是语言赖以生存和发展的基础，交际则是联系语言和文化的纽带。因此，语言、文化与交际之间是一种水乳交融、不可分割的“三位一体”的关系。

总而言之，在语言、文化、交际三者的关系中，语言反映文化，文化影响语言的使用和发展。在以一种语言为媒介的跨文化交际中，交际者应遵循该语言的文化语用规则。英语教学的最终目的在于使学生掌握并熟练运用地道的语言，并能结合目的语国家的文化规范，运用准确的目的语言进行交流。在英语教学中，必须将跨文化的交际性作为教学的主导原则，以语言的应用及交际能力为出发点设计教学。教师应该意识到跨文化交际教学是英语教学过程的一个重要环节，教师有责任增强学生的跨文化交际意识，在传授语言的同时传授文化知识。在英语教学中，不仅要注意语言结构的教学，而且要注意将比较文化引入英语教学中，注重英语的功能、交际和语用方面的教学，以帮助学生正确熟练地使用英语母语者普遍接受的英语，即地道的英语。

六、跨文化交际能力与高校英语教学融合的原则

跨文化交际能力与高校英语教学融合应当遵循以下的原则。

（一）相关性原则

跨文化交际的目的是提升学生的英语能力，尤其是提升其英语交际的能力。因此相关的培养工作都应当将教材内容和日常交际衔接在一起，激发学生学习语言和文化的兴趣，从而在实际教学中提高学生的文化水平。

（二）适度性原则

高校英语教学任务开展应当重视学生的学习能力，保持跨文化交际的适度性，增强英语交际的针对性，避免由于教学难度过高引起学生的抵触情绪。

（三）综合性原则

跨文化交际能力涉及多门学科的内容，这就需要学生完成学科间的穿插学习，把所学的知识和英语结合在一起，完成各类知识的归纳总结。

（四）实践性原则

在英语教学跨文化交际过程中，教师要引导学生把英语应用到实践当中，在实践中提升学生的英语应用能力。跨文化交际不能仅仅能从书本中学习知识，更应当融入真实场景中，在动态真实的背景下获得体验和训练。

（五）系统性原则

跨文化交际的融合要保持连续的动态过程。教师要有层次有系统地开展教学工作，减少教学的随意性，提高跨文化交际的针对性。

第二节　跨文化交际与英语听力和口语教学融合

一、跨文化交际与英语听力教学的融合

（一）跨文化交际视域下英语听力教学的目标

高校英语跨文化听力教学不仅要传授英语听力知识，还要让学生的听力技能得到锻炼，这样才能达到听力理解的目标。听力知识和听力技能是高校英语跨文化听力教学的两个主要模块，对开展高效生动的听力教学具有重要的意义。听力教学不仅应该着眼于语言本身，更应该注重文化的传播与导入。[①]

① 钮敏．英语听力教学中学生跨文化交际能力的培养［J］．现代职业教育，2016（28）：182－183.

高校英语跨文化听力教学的一般要求主要包括：①能听懂英语授课；②能听懂日常英语谈话和一般性题材的讲座；③能听懂语速较慢（每分钟130～150词）的英语广播和电视节目，能掌握中心大意，可以抓住要点；④能运用基本的听力技巧。

高校英语跨文化听力教学的较高要求主要有：①对英语讲座和谈话的大概意思能够进行把握；②对较长篇幅但是自己熟悉的题材方面的英语广播和电视节目基本能够了解其内容，在150～180个词每分钟的英语广播和电视节目中，能够了解其主要意思，并能够比较准确地把握住要点和细节；③能基本听懂用英语讲授的专业课程。

高校英语跨文化听力教学的更高要求主要有：①对于英语国家的广播电视节目的内容能够进行基本的理解，并了解其中心意思；②可以对英语国家人士正常语速的聊天大意进行理解；③对于英语专业课程和英语专业讲座能够基本听懂。因此提高学生的听力理解能力和技能运用能力是英语教学的主要任务。只有达到英语听力教学的主要目标，才能让学生真正提升听力技能和听力理解能力。

（二）跨文化交际视域下英语听力教学的方法

在高校英语听力课堂中，不但要对大量的词汇和语法知识进行学习，而且要不断加大学生的英语听力训练。这样才能提升学生的跨文化交际能力。

1. 三段式教学法

三段式教学法是在任务教学法、交际法以及图式理论的基础上发展起来的。它将听力教学分为三个阶段，即听前阶段、听时阶段和听后阶段，并且每一个阶段都有一个清晰的教学任务。这种听力教学方法受到了国内外的关注。后来，随着语言学理论、教育学理论的发展，以及英语听力教学地位的提高，三段式教学法逐渐被人们熟知。

（1）听前阶段

激活学生头脑中原有的词汇图式及语言背景知识，引导学生集中精力，为听力训练做好准备工作。这是听前阶段的主要任务。

①实例、图片导入。若听力材料是真实的新闻、故事或者对话，则教师应该做好实例或者图片的收集工作，以便在课前做好导入工作，并对真实的语言场景进行模拟和提问。这样能够提高学生预测的合理性和真实性。

②视频、歌曲导入。教师还可以在听力材料播放前先进行一段时间的英文视频和歌曲的播放，这对调动课堂气氛效果显著。而且英语文化中也包括了英文视频和英文歌曲，所以这也有利于帮助学生掌握相关的英语文化。

③关键词导入。教师还可以对听力材料中的关键词和难度较大的词进行事先讲解，这样能够使听力训练的难度有所下降。

（2）听时阶段

在听力练习过程中，最主要的任务就是提升学生解决问题的能力。这需要教师从学生的实际水平出发，对听力材料和听力任务的难度进行控制，使其既能具备一定的挑战性，又能激发学生学习的积极性。

①听力训练活动要具备一定的针对性。对听力材料和题型的选择要符合学生实际的英语听力水平。

②提升学生把握关键词句的能力，从而对整篇文章的中心大意进行理解。

③对学生的听力技巧如速记等进行重点培养。

（3）听后阶段

听后阶段可以进行一些有关的拓展训练，如开展对话、角色扮演、谈论问题、写作等活动。这样能够强化学生对语音、语法和词汇的记忆，并能评估学生对听力材料的掌握程度，让学生获得听力技能的锻炼和听力理解能力的提升。

三段式教学法是英语听力教学中普遍采用的一种方法，三段式教学要注意三个要求：一是要和听力训练息息相关，并在教学中确保一定的趣味性和多样性。这是三个阶段应该遵循的主要原则，可以调动学生的学习兴趣；二是听力教学的主要目标是提高听力水平和听力兴趣，这是在三个阶段都应该遵循的原则；三是听力难度的选择要根据学生目前的实际水平，在必要时还应该对听力材料进行适当修改。

2. 策略教学法

高校英语听力教学具有一定的动态性。以前的视听教学理念认为教育无法提升学生的听力理解能力，听力理解能力只能通过学生自身的积累和举一反三获取，之后才开始逐渐在听力材料中融合一些听力理解题。随后，由于跨文化交际的需求，人们对听力策略问题开始重视起来，教师也开始着力于培养学生的听力技巧。元认知策略、认知策略以及交际情感策略是语言学习策略的三种类型。在语言学习中，掌握一定的元认知策略是非常重要的，它有利于提升学生的思考能力，也有利于在计划和监控认知活动中提升学生的预见能力，还有利于学生进行客观的自我评价。听力意识的强化可以不断地提升学生的听力理解能力，从而发挥元认知策略的价值。所以我们将一切采用策略进行教学的方法都称为策略教学法，使学生掌握听力的技巧和策略是开展策略教学的主要目标。

在英语听力教学过程中采用策略教学法需要特别注意的是：首先教师要先引导学生理解语言的功能；其次让学生有意识地进行听力训练；最后帮助学生进行听力策略的掌握。这样才能更高效地完成听力训练目标。

英语听力材料的类型丰富多样，会涉及多种多样的内容和主题。通过综合分析和对比各种英语听力材料可知，各种类型的听力材料不管是在结构上还是在逻辑上都具有一定的系统性。只要理解和掌握了相应的听力策略，完成听力任务就变得非常简单了。像精听、泛听、寻听、略听和预测等都属于英语听力策略。

（1）精听

精听策略要求学生具备较高的听力水平，并要求学生能够集中注意力，对材料中的每一句、每一词都要理解透彻，同时还要求学生对语音和语调进行准确把握。在听写练习中常常需要学生使用精听策略。学生要想听写出原文，就需要对听力材料中的每一句、每一个关键词都进行理解和掌握。当然学生进行英语歌曲的学唱和模仿练习语音、语调等也要运用到精听策略。精听策略可以帮助学生对目的语的语音和语调进行把握，并对自己的发音问题予以纠正，对培养学生的听力理解能力具有重要意义。

（2）泛听

泛听的要求则比精听低很多，只需要学生能够掌握材料中的主要意思和中心思想，不必逐词逐句地对材料进行理解。以下两种听力训练需要运用到泛听策略。

第一，听力任务是“标题探索”。标题探索这一听力任务是为了检测学生对听力材料中心意思的理解程度，具体可以从四个环节来进行：首先，教师可以进行主题的拟定，以此作为备选的标题；其次，教师要将听力任务告知学生，引导学生对听力材料的中心意思进行理解；再次，教师要进行录音或者录像的播放；最后，学生要根据对自己所听材料的理解选择一个最为合适恰当的标题。

第二，听力任务是“排序”。排序是为了检测学生对听力材料内容和故事情节的掌握程度。该种听力任务一般会选择记叙性的材料，具体可以从五个环节来完成：①教材要打乱材料中的故事情节；②教师要将听力任务及时告知学生，引导学生关注事件发生的顺序和线索；③教师进行录音和录像的播放；④学生根据对材料的理解进行正确的排列；⑤进行有效的任务反馈。

泛听是为了确保学生获得更多接触语言现象的机会，让学生的听力反应能力在不知不觉中获得提升，并将精听成果进行巩固和扩展。泛听具有连贯性，不需要学生对听力材料进行逐词逐句的理解。

（3）寻听

寻听是为了有针对性地寻找特定信息，它缩小了听力的范围，从而使得听力效率得到了较大的提升。当教师需要学生完成复式听写任务时，通常可以引导学生采用寻听策略。所谓复式听写其实也可以理解为填空类的题型，是教师将关键的词句以及技巧性的部分剔除，让学生在听完材料后根据自己的理解进行空白处的补充，具体而言有四个环节：首先，教师对关键词句进行剔除时要从学生的实际听力水平和材料的难易程度出发，从而选择剔除掉的是词汇、短语还是句子；其次，教师要将听力任务告知学生，并将剔除掉了关键词句的材料分发至学生手中；再次，播放录像或者录音，录音播放完毕，要求学生根据自己的理解来补全材料；最后，进行反馈。在进行寻听教学任务的过程中，对听力材料的播放次数应该根据材料的难易程度来决定。

（4）略听

略听策略是将主要精力放在材料的题目、句首、结尾处以及关键词上，不需要学生完全掌握材料中的所有细节。一般当要完成“听”和“画”等听力任务时，就可以采用略听策略。可以使用略听策略的材料多会选择描写性的内容。学生可以将听到的内容采用简单画图的方法进行表达；或者是教师采用文字的形式来描述一幅画，对学生进行“听”和“画”的训练。具体可以采用四个环节来进行：首先，教师要根据学生的实际水平进行听力材料的题材和难度的选择；其次，教师进行录像的播放或者进行材料朗读；再次，由学生根据听到的内容进行画图，然后让学生将所画的图和听力材料进行对比；最后，教师公布正确的图画。

（5）预测

在听力测试中，预测也是一种重要的听力策略。学生进行预测的时间可以是在听到材料之前或者是录音播放时。学生在听力播放之前可以根据听力材料和听力任务要求进行一定的预测。在听力播放时，学生应该依据听到的信息来预测，或者根据播放的内容来对未播放的内容进行预测。

3. 多媒体辅助教学法

可以流畅地运用英语进行跨文化交际是现在大学生学习英语的主要目标，从这一目标出发，语言形式的正确与否意义并不大。要想提高英语听力教学的效果，就需要结合听力理解和口语表达训练。二者缺一不可，相互促进，相互影响。为了更好地实现听力理解和口语表达训练的高度结合，多媒体辅助英语听力教学的方法发挥了重大作用。

多媒体辅助英语听力教学方法是由语言教学规律所决定的。这种方法能够全面地调动学生的感觉器官，还能够和口语表达融合成一体，为英语交际提供真实生动的环境。因此多媒体语音实验室的建立也是支持多媒体辅助英语听力教学的硬件基础。

多媒体语音实验室中配备了语言测试系统、网络系统、电脑磁盘信息输出系统以及音频视频系统等各种设备，可以更直观、更形象地展现听力教材。而且通过听力训练，还能将丰富的文化信息传递给学生，让学生准确地把握不同文化之间的差异，提高文化敏悟力，为口语表达提供一定的基础和条件。这样不仅有利于训练学生的听力技能，还能训练学生的语言技能。

近年来，随着对高校英语听力教学的重视程度不断提高，学校越来越重视听力教学环境的完善，并在很大程度上推进了多媒体语音实验室和配套设备的完善。人和多媒体设备之间的交流以及学生与学生之间的交流成为英语听力教学的主要趋势。

视听说对比型语言实验室、听音型语言实验室、听说对比型语言实验室以及听说型语言实验室等都属于多媒体语音实验室。而且网络信息技术时代的到来，也推动了无线语音实验室、移动语音实验室以及数字语音实验室的发展和完善。这些技术的发展都有助于提升学生的听力理解能力、交流能力、创造能力以及感知能力。

多媒体的作用并非只是进行简单的播放、时间的限制、执行任务要求和选择影视资料等，而是要通过事先的讲解、事中的赏析引导和事后的观看评价等来提升学生的听力训练效果。换言之，在多媒体辅助英语听力教学中，教师不能仅仅播放视频和音频，还要起到积极的引导和组织作用。

二、跨文化交际与英语口语教学的融合

（一）跨文化交际视域下英语口语教学的目标

跨文化交际能力的提升需要学生具备一定的口语会话能力。而为了有效提升学生的口语会话能力，需要采取正确的训练方法和教学技巧，同时对非智力因素的关注也不可忽视。这主要是体现在高校英语跨文化口语教学的任务和目标中。一般要求、较高要求和更高要求是高校英语跨文化口语教学的三个不同层次的要求。

高校英语跨文化口语教学的一般要求主要有：①可以进行流利的英语交谈，而且能够参与主题讨论；②可以展开英语日常话题的交谈；③可以在做好充分准备的前提下进行简要的发言，并且能够清楚地表达，在语音和语调上不会出现大的纰漏；④可以在谈话中灵活运用一些基本的会话策略。

高校英语跨文化口语教学的较高要求主要有：①对于一般性的话题可以运用英语进行交谈；②对个人的基本情感、观点和意见都能够用英语进行表达；③对事件的发生和起因等可以进行流利的英语表达，而且能够正确把握语音和语调。

高校英语跨文化口语教学的更高要求主要有：①对于比较专业的话题可以进行较准确和流利的英语表达；②能够对较长篇幅和较高难度的文本或者讲话进行高度准确的概述；③可以参与一些国际会议或者是专业交流活动。

（二）跨文化交际视域下英语口语教学的方法

在跨文化交际浪潮的大背景下，教学方法要根据口语教学的实际情况进行灵活选用，这样才能有效提升学生的口语表达能力。

1. 探究教学法

现代教育手段和媒介的发展为探究教学法的产生和发展提供了条件。顾名思义，探究教学法的关键在于探究，这是和传统的口语教学模式完全不同的一种新兴教学方法。它更突出了语言学科的特征。换言

之，高校英语口语教学中的探究教学法是在现代教育手段和媒介不断发展的前提下进行了多种教学资源的结合，并将学生放在主体地位，让教师起到积极的主导作用，从而引导学生在语言知识和口语技能的习得上进行自主学习和探究学习。

（1）探究教学法的步骤

在高校英语口语教学中采用探究教学法要经过以下步骤。

①确立探究问题。探究教学法的基础就是要对探究问题进行明确。在解决问题后，要重新确立新的问题，可见探究教学具有一定的循环性。在口语教学实践中会面临各种各样的问题，所以在确定探究问题时要结合各种因素进行综合考虑。一些问题是由简单的原因引起的，解决起来比较容易，不需要作为探究性的问题来对待。但又一些问题采用其他方法进行解释更加容易解决，所以才会用到探究教学法。

教师在选择和分析探究问题时，可以从三方面进行考虑：一是对之前的知识积累和目前的课程内容进行综合考虑。对于探究问题的确定还要考虑到广度和深度的问题，可以通过探究以及教师的讲授解决的问题才合适。二是要对问题的创设情境进行考虑。其基础应该是教材内容，并基于此基础进行问题情境的创设。三是要结合学生的兴趣和学习动机进行考虑，提出问题的方式要不断创新。

②收集数据。对口语探究教学法中语料和语言使用相关的艺术、策略材料以及文化材料进行收集的过程被称为数据收集。在这个过程中，教师的监控管理作用非常重要。教师应该给予学生收集内容、方向与来源方面的指导和建议。

③分析解释。分析解释是探究教学法中的一个关键环节。它主要分析的是上一步收集到的数据和信息，并重点思考它们的语用和语义，解释和总结在交际中所运用到的词汇、语法、句式、文化以及交际策略等。

④讨论交流。在高校英语口语教学过程中，讨论交流无时不在，尤其是在课内或者课外的各种交流活动中尤为重要。学生在探究教学法中

要和教师进行深入的讨论和交流，并要做好相应记录。

⑤展示评价反思。在探究教学法中的最后一个环节就是评价反思，这个环节对探究教学法的影响也非常大。在进行这个环节时，以下两个方面要特别引起注意：首先是学生的展示行为是否规范；其次是教师是否采取了恰当的评价方式和合适的点评内容。

（2）探究教学法的特性

①开放性。高校英语口语教学中采用探究教学法的一个突出特点就是开放性，尤其是在教学内容、教学组织形式和教学管理上尤为明显。从教学内容的角度来说，教材应该是探究教学内容的基础，不过探究内容不应该受限于教材范围内，而是应该以教材为基础进行扩展和延伸，这是因为针对某一主题进行深入的探究和考虑是探究教学法的主要目的，势必会对各门学科和多个领域有所涉及；从教学组织形式的角度看，师生之间以及生生之间进行的交流、讨论以及协商是进行探究教学的必要前提，这在一定程度上也体现了开放性；从教学管理的角度看，学生进行自主探究是探究教学法所要求的主要方式，教师在这个过程中需要进行必要的指导和监督管理。

②合作探究性。探究教学法还具有一定的合作探究性，这是受教学模式的影响而形成的。学生对知识的学习和对技能的掌握主要是通过自主探究的方式来获得的，这也是高校英语口语探究教学的主要目标，而想要达到这一目标，就需要教师的正确引导监督以及同伴之间的合作沟通。此外，学生在学习技巧、学习方法和学习能力的获得上，既各有不同又可以互促互补，所以加强合作和提高互补性才能有效拓展探究内容的空间。

③实践性。高校英语教学目标决定了高校英语口语探究教学的实践性。随着改革开放的深入发展，社会对英语人才的需求有所变化。现在社会要求英语人才既需要具备扎实的语言知识和技能，又要能够灵活运用。而探究教学法为学生的语言知识和语言实践提供了充分的空间和机会。

2. 语境教学法

语境理论是支撑语境教学法的主要理论依据，教师的备课和口语教学实践都需要符合语境理论的要求。语境教学法不同于情境教学法，语境教学法是建立在语境基础上的。所以为学生提供真实的语言环境是最关键的，而非对场景进行优化即可。语境教学法主要包括了四种类型：一是上下文教学法；二是虚拟语境教学法；三是社会文化语境教学法；四是情境教学法。尤其是情境教学法，更是体现了启发的价值，让学生可以在形象化的、具有趣味性的环境中得到思维方法的拓展，加强学生的亲身体验，从而激发学生学习的积极性和主动性。表演体会、生活展示、情景再现以及实物演示等都是情境教学中不可或缺的方法。要特别提出的是，语境教学法和情境教学法具有一定的内在联系，这两种教学方法都比较重视环境对教学效果的作用。从这个层面来说，语境教学是随着情境教学的发展而开发出来的。

语境教学法更侧重学生语言交际能力的提高。而情境教学法更加注重培养学生的口语能力和语言结构，这也是两种教学方法最大的不同之处。但是又因为情境教学和语境教学是相通的，所以说情境教学包括在语境教学中。

（1）语境教学法的特性

通过英语口语教师的实践经验可知，语境教学法在一定程度上是比较稳定的。对语境教学法的特点进行认识和分析，可以帮助学生更好地掌握其含义和运用方法。

①真实性

语境教学法中最显著的特点就是真实性，这也反映出真实语言环境的要求：第一，真实的课堂交际活动是进行语境教学法的首要条件和基础；第二，真实性体现在语境教学法中的口语教学内容上，根据学生的实际口语学习的特征和需要来进行；第三，真实性体现在口语教学实践中，和学生的学习要求、学习方式、性格特征、知识水平和表达能力等方面相关；第四，语境教学法产生于一定的社会文化背景之下，其真实性体现在实践教学的情景和为教学内容所创设的虚拟语境中。

②制约性

在语境教学法中有两个层面的制约性：第一，微观层面。在这一层面上，教学活动的开展会受到情景语境的影响。第二，宏观层面。从这一个层面上而言，社会政治、经济、文化、价值观、道德观以及心理活动等都会影响着语境教学法的开展。英语口语教学要取得成功，就要充分重视微观和宏观两个层面的影响作用。

③动态性

语境教学法中的动态性特征受到口语教学实践中的临时性因素制约。系统地看，口语教学是一种不断变化且具有临时性的教学，而且还会受到很多突发情况的影响，如学生无法正确地进行表达等。这就需要教师及时调整教学方法，并对教学活动进行重新组织，从而适应教学中不断变化的情况。随着语境因素的变化，教师和学生都要对自己的言行举止进行调整，这样才能让语境教学得以顺利进行。

④生发性

教师和学生作为语境教学法中的主体，其创造性和主动性也会影响语境教学的效果。所以，如何充分利用语境提升教学效果和如何结合语言知识和交际环境进行教学活动显得尤为重要了。

(2) 语境教学法在跨文化口语教学中的应用

①语境教学法在跨文化口语教学中的应用语境

语境教学法广泛运用于高校英语口语教学中。这主要是运用了情景语境、语言语境和文化语境的促进意义，对交际意图进行了明确。若是能够较好地把握这四个语境，则能有效提升学生的口语能力。

第一，熟悉语言环境。语音、词汇、语法和背景知识都是构成口语教学语言环境的重要因素。语言环境包括了三个层面：一是语音语境；二是短语语境；三是句子语境。语言环境有利于学生理解和掌握词、短语以及句子的含义。学生在参与口语交际活动的过程中可以获得语音辨析能力、词汇理解能力和组织语言能力的提升，这也是语言语境在口语教学中的主要作用。

教师在利用语言环境时需要进行四项工作：其一，将口语交际中的有关注意事项利用少量的课时进行讲解，确保学生轻装上阵。这有利于提高学生口语练习的效率；其二，在课前开展演讲活动，并对演讲的主题和内容不予限制。教师只需要设置好一个情境，由学生进行自主发挥；其三，由学生来评价演讲活动。学生需要从演讲活动的各个方面如语音、语速、语调、体态语等进行评价。这有利于对口语教学的效果进行验证，以便及时发现和调整学生在口语表达中常犯的错误；其四，由教师进行最后的总结和评价。原则上需要对学生采取以鼓励为主的态度。

第二，建构情景语境。在情景语境的构建中，语场、语旨和语式是最为重要的三个因素。正确地分析这三个因素的影响，可以在口语教学中让学生的理解能力、推测能力和判断能力得到较好的提升。教师需要先对自己的教学任务进行阐述。如此才能让学生对主题词汇和语法特征进行预测和掌握。

第三，学习文化语境。对目的语文化内涵的理解程度不够是造成跨文化交流无法顺利进行的主要原因。所以，要想提高学生口语交际能力，就必须从文化知识入手，让学生具备足够的文化知识。而且文化差异因素对英语口语教学的制约作用应该得到教师足够的重视。教师要加强对学生文化意识的培养，积极引导学生参与文化语境中的口语交际。英语演讲、英文话剧表演、欣赏英文电影等都是不错的方式。

第四，界定交际意图。为了提升口语交际能力，可以从口语会话的交际意图入手。交际意图有两种类型：一是明确的交际意图；二是不明确的交际意图。明确的交际意图是指口语交际中的言语本身所要表达的含义；不明确的交际意图是指从语境中进行含义判断，包括文化语境和情景语境两种。教师在进行口语教学的过程中要重点对不明确的交际意图进行详细的解释和讲解。教师可以采用生动语境的创设来加强学生对文化语境和情景语境的理解和把握，如此就可以潜移默化地影响学生对言外之意的理解能力。

②语境教学法在高校英语跨文化口语教学中的应用原则

在高校英语口语教学中采用语境教学法需要遵循以下重要原则。

第一，目标原则。明确的目标性是高校英语口语教学中一个重要原则。在课堂中进行的每一次口语交际活动都有一定的交际目的和交际意图，交际意图是交际目标细化的体现。当然学生的学习需求是交际目的和交际意图形成的主要因素。遵循目标原则能够将学生的学习需求和口语交际活动联系在一起。

第二，合作原则。合作原则也是口语教学中不可缺少的，是交际双方顺利进行交际的前提条件。合作原则在高校英语口语教学中的重要性主要体现在三个方面：首先，体现在语境中教师话语的数量上。教师的话语内容是否详尽以及信息量的大小都将对语境教学的效果产生直接的影响，教师不但要将必要的知识传授给学生，让学生的语境创设和交际任务顺利进行，而且要对透露的信息量进行把握，从而扩展学生的思考空间；其次，是在教师的话语质量和关联性上有所体现。真实性是评价话语质量的关键因素，建立在语境环境下的口语交际需要具备一定的真实性，口说无凭是不可取的。而关联性指的是要建立交际活动和特定语境之间的联系。交际活动要在特定语境中进行，这样才能确保其真实性和有效性，从而让学生的口语交际能力得到提升；最后，是在语境教学法使用过程这的话语方式上有所体现。语言知识的过度传授并不是提高学生口语交际能力的必要措施，只有确保语境的真实性，才能有效提升学生的口语交际水平。

第三，得体原则。口语交际中还需要遵循得体原则。它主要在四个方面有所体现：首先，社会现实生活是创设语境的前提。结合学生的个性特点等因素才能更好地促进学生对语境的认识和理解。除此以外，语境创设还要考虑学生实际的生活背景、知识水平以及个人经历。其次，语言规律和教学规律也是创设语境必须考虑的因素。口语教学要依据教学目标和教学大纲，并符合语言规律和客观规律的要求。再次，要进行有趣味的语境创设。语境创设的趣味性对学生口语交际能力的提升具有重要的意义，它能让学生保持高度的注意力，使学生能积极地参与到交际活动中，从而激发学生的求知欲望，可以有效缓解学生的紧张情绪，调整师生关系，使学生从交际困境中挣脱出来。最后，灵活性也是语境创设的一个重要因素。这是因为教学过程是一个变化的、动态的过程，墨守成规的教学方式不利于教学效果的提升，因此需要根据实际情况进行教学方式和教学内容的不断调整，从而确保教学效果的不断提升。

③语境教学法在高校英语跨文化口语教学中的应用步骤

在高校英语口语教学中应用语境教学法，主要有以下步骤。

第一，选定某一口语交际的话题，并为学生播放与此话题相关的目的语国家的文化视频。例如，服饰文化、社交文化等。

第二，对比分析与交际主题相关的目的语国家文化与中国文化，引导学生发现二者间的异同点。

第三，教师对学生的发言做总结并扩展相关文化知识。

第四，围绕话题，创造接近真实的语境，学生分别扮演情境下的不同角色，进行口语练习。

第五，教师主要围绕语用和有效交流两个方面对学生的表演等口语练习活动做评论。

第三节　跨文化交际与英语阅读和写作教学融合

一、跨文化交际与英语阅读教学的融合

阅读是人们随时随地获取信息的主要方式，其重要地位不可忽视。

此外，阅读也是提高自我素质和修养的途径。在当前的高校英语课程教学中，英语阅读教学属于必不可少的一项内容。阅读教学的有效开展需要以学生良好的阅读能力为基础，因而需要对学生的阅读能力进行有效培养。[①] 与中文阅读不同，英语阅读是跨文化的。因此，高校英语阅读教育非常重要却又难以把握。

（一）跨文化交际视域下英语阅读教学的目标

1. 英语跨文化阅读教学的要求

高校对于英语跨文化阅读技能的要求可以分为三个层次：一般要求、较高要求和更高要求。

高校英语跨文化阅读教育的一般要求有：①能基本理解英文文章的知识，每分钟阅读 70 个单词；②当阅读较长和较难的材料时，每分钟能快速阅读 100 个单词；③可以搜索和浏览阅读材料；④能够使用词典阅读所学专业的英语教材，对于英文报刊文章，能掌握中心思想，了解关键事实和相关细节；⑤可以阅读和理解工作和生活中常用的英语应用文体材料；⑥可以使用高效的阅读方法进行英文阅读。

高校英语跨文化阅读教育的较高要求有：①基本了解英语国家报刊中一般主题的文章，每分钟阅读 70～90 个单词；②对于较长篇幅的中等难度材料，每分钟能快速阅读 120 个单词；③对于所学专业的文献资料，能通过阅读准确理解其主要思想，确定主要事实和相关细节内容。

高校英语跨文化阅读教育的更高要求有：①对于有一定难度的文章，能够理解其主要思想和细节；②能读懂外国英文报纸和期刊上的文章；③能比较顺利地阅读本专业的英文资料和文献。

上述目标和要求为高校英语阅读教学提供了权威性的指导。但是上述要求只是教学的前提和参考，教师不应只根据上述要求教学，而应该根据实际情况进行教学。对于教学内容和进度的把控，应该突出重点，

① 陈洁. 跨文化交际视野下的大学英语阅读能力培养 [J]. 海外英语，2020 (19)：112.

快慢适当，始终围绕学生的实际情况开展教学活动，从而确保最终的教学效果。

2. 英语跨文化阅读教学的目标细化

没有累加的努力，就不可能实现阅读教育的最终目标。教师可以将阅读教育的最终目标分成许多小目标，实现这些小目标有助于实现最终的阅读目标。

(1) 激发学生阅读兴趣

对于英语阅读教育，教师不仅应激发学生的阅读兴趣，还应增强学生的阅读动力。兴趣是最大的推动力，学生只有在对阅读感兴趣的前提下，才会在之后取得很大的进步。为了增强学生的阅读动力，教师应注意两个问题：①教师应掌握阅读教材的难易程度；②教师需要对学生的阅读能力有全面的了解，并因此选择适当难度的阅读材料。较难的阅读材料会使学生产生挫败感，但如果阅读材料太简单，学生就会觉得缺乏挑战性。一旦有这些情况出现，学生都难以专注于阅读材料。教师应采取强化方式来增强学生的阅读信心。此外，教师应为阅读能力高的同学提供课外阅读量，以免他们无法进步。

教师必须了解学生的性格特征和生活动态，由此推断学生阅读的兴趣点，然后选择学生感兴趣的阅读材料。阅读教科书所能获得的知识是有限的，因此在课外阅读材料的选择上教师也要多用心，对于阅读材料的类型和内容也要格外注意。只要提供学生感兴趣的阅读材料，他们就可以进行自主学习。

(2) 培养学生阅读习惯

摆脱不良阅读习惯需要时间，不良的阅读习惯在学生中很常见。不管是怎样的不良阅读习惯，都会减慢阅读速度，最终都无法提升阅读能力。一些学生更加注重对个别单词的理解，而忽略了整个句子的含义。学生应侧重对短语和词组的理解，然后理解整个句子的含义。学生在阅读时应坐姿端正，头部保持不动，将视野的覆盖范围扩大，增加眼睛扫描的阅读量在此基础上积极理解阅读内容。

（3）引导学生重视词汇量的积累

语言知识和阅读技能之间有很大的关系。其中，词汇在语言知识中的作用对于阅读尤为重要。在很大程度上，学生的阅读速度和阅读效果取决于学生的词汇量。因此，具有较强阅读能力的学生肯定是具有丰富的词汇和较高的词汇认知能力的学生。

如果是在学生缺乏词汇的情况下，学生应该学习如何猜测单词的含义。对于外语阅读材料，学生的词汇量是越多越好，其词汇量越丰富，越有助于他们理解材料。具体而言，学生应根据提供的上下文材料和语法等来猜不认识的单词的含义。当然，猜测单词的含义不是胡乱去猜测，而是需要一定的技巧。学生可以使用逻辑推理、常识和基于自己的生活经验等来猜测单词的含义，还能通过同义词、举例子、反义词、定义或结合上下文来猜测单词的含义。除此之外，还能按照单词结构是如何产生的来猜测单词的意义，例如合成法和派生法。

教师应指导学生采用科学的方法来记忆词汇，以便学生获得更佳的学习效果。科学的记忆方法应该遵循记忆定律，图像存储方法、关联记忆方法等都是很好的词汇记忆方法。

词汇和阅读是相辅相成的关系。只有在学生有足够的词汇量的条件下，才能扩大自己的阅读量，而阅读量扩大又能促进词汇量的扩充。与此同时，教师应选择难度适中、题材丰富、单词重复率高的阅读材料让学生来阅读学习。

（4）帮助学生创建文化图式。

阅读过程是一个验证、否认或纠正假设的迭代过程。学生依靠背景信息来创造新的含义。在阅读的过程中，最重要的是学生通过对阅读材料的预测和假设赋予其新的含义。整个阅读过程不是基于阅读材料，而是基于学生自己的背景知识。

阅读有多种方式，例如自下而上、自上而下和互动的方式。不论采用哪种阅读方式，都不能离开文化背景的支撑。因此，教师必须让学生激活自己的背景知识，以便他们可以创建文化背景图式。对于某些阅读材料，学生需要激活文化背景知识。如果学生没有这些背景知识则无法激活。在这种情况下，教师应先帮助学生创建文化背景图式，然后让他们激活。

（二）跨文化交际视域下英语阅读教学的方法

1. 设定文化主题，并展开讨论

为组织学生定期地展开讨论活动，教师可以围绕英语文化设计不同的讨论主题。既然是讨论，就要摆脱形式上的束缚，促使全体学生都能够积极参与其中，确保讨论的有序性和有效性。因此，在学生讨论的过程中，教师应该给予适当的指导和监督。此外，文化主题的不同，使得学生的讨论难度也有所差异。因而教师应该设计一个能够激发学生讨论动力的主题，并使学生充分发挥自身的主导能力。随着讨论次数的增多，学生积累的文化知识也不断增加，基于此，教师就需要加大文化主题的难度。

文化讨论法还具有其他功能：①增强学生的学习能力，使学生有足够的信心掌握更多的文化知识。在讨论的过程中，学生积极思考分析，并踊跃表达自己的观点和想法。随着学生满足感和成就感的增强，他们的自信心也随之增强。②增强学生的团队协作能力。制定相应的规则约束学生的讨论过程，防止出现闲聊的情况。良好的讨论秩序是展开有效讨论活动的前提条件，需要所有学生共同维护。③增强学生的创新思维能力。④增强学生的社交能力。关于话题讨论，学生需要缜密思索和辩证分析，从而得出合理的结论。对于相同的文化主题，每个学生都会表达自己的观点，各种不同的观点经过对比之后，无形之中就增强了学生的创新思维能力。⑤增强学生的社交能力。良好的语言表达是学生进行有效讨论的必要条件。讨论实际上就是交流，表达者只有将内心想法明确地表达出来，对方才能够有效接收并给予反馈。

2. 通过比较方法加深学生对跨文化的印象

两种不同类型的事物通过对比，可以展现出各自的特色。在阅读教学中，教师采取对比的方式，突出中西方文化的差异性，从而加强学生对中西方文化的认知和理解。教师在讲授知识的过程中，还应该向学生讲授一些其他国家的文化，以培养学生的跨文化意识。

3. 引导学生采用语块形式阅读英语

语块作为语言中经常出现的语言结构，由多种不同的词汇构成，其形式和意义相对稳定。语块主要包括三种特性：①自主性，每个组块都是独立存在的；②稳定性，在英语语言中，大多数都是由不同板块构成的，因而具备较强的稳定性；③扩容性，与单词相比，语块具有相对完整的意义，其涉及的范围已经扩展至句子。在语块理论中，语块是英语语言的基本单位。

部分学生认为，即使学习了语法、词汇以及固定语句等知识，英语文章的阅读效率也不显著，更不可能达到和英语国家人们相同的水平。其原因在于本族语者注重掌握语言中的语块，而不是专注于学习语法词汇等。因此，如果学生没有掌握大量的语块，其语言能力就无法得到显著增强。将语块理论应用到阅读教学中，输入和输出的速度以及质量都能得到提高。

语块运用能够提高语言输入的速度和质量，主要体现在两个方面：一方面，语块将多个具有一定联系的小组块组合起来，从而形成一个大组块，节省了在信息加工过程中所消耗的精力，从而提高阅读速度；另一方面，在阅读文章标题和每个段落首尾句时，有针对性地掌握文章中不同作用的语块，也能够提高阅读速度。先让学生阅读整篇内容，了解文章的中心思想和大致含义，再引导学生快速掌握不熟悉的语块。他们在掌握陌生语块的同时还可以学习语法规则等内容。总而言之，基于语块形式阅读文章内容，明显提高了语言输入的速度和质量。

4. 及时纠正学生错误的文化言行

由于学生的成长过程受到了中国文化的熏陶，因而母语文化已经深深扎根学生的大脑中。在学习汉语文化中，学生既掌握了语言能力，又同时掌握了社交能力。但是，学生们依旧会不自觉地用汉语思维方式来理解其他文化，从而出现交际矛盾的情况。两种文化之间的差异性越显著，导致的交际冲突越强烈。

在学生与某种文化进行交流时，若表现出不恰当的语言或行为，教师应该及时给予指导和纠正，并告知他们这些行为是不合理的。表达者在交流过程中出现的语法方面的问题属于语言表层的错误，交流对方不会太介意，并会表示理解。但是，若表达者的语言能力没有问题，却表现出不得体的语言或行为，就会导致对方产生厌恶、反感之情。因此，对于学生所表现出来的错误行为，教师应该及时给予指导和纠正。

5. 通过文学与艺术方式来了解其他文化

若人们在现实生活中过得不尽如人意，则可以在文学艺术中获取精神食粮。文学艺术不仅能够提高人们的知识水平，更能够满足人们的精神需求。

文学和艺术作为文化传播的重要形式，都是在特定的时代背景下所形成的文化产品。它们能够将创作者和读者联系起来，实现二者之间跨地域和跨时间的交流。

教师可以安排学生看一场西方经典电影。通过对电影的欣赏，学生能够大致了解西方文化。除此之外，教师还可以向学生讲授一些生动的文学故事，这有利于加强学生对文学内容的研究和探索。

二、跨文化交际与英语写作教学的融合

（一）跨文化交际视域下英语写作教学的目标

高校阶段的英语跨文化写作教学可分为一般、较高和更高三个层次的要求。

高校英语跨文化写作教学的一般要求主要有：①能够独自完成一般性的写作任务；②能用英语将个人思想情感和事件经历阐述出来；③能

用英文完成一般性的应用文章；④能够在一定的时间内完成等于或多于120个词的英文短文，并达到基本写作要求，如内容完整、条理清晰等。

高校英语跨文化写作教学的较高要求主要有：①能够围绕主题用英文表达自己的观点和想法；②能够独自完成学科论文中的英文摘要部分；③可以完成学科要求的英语小论文；④能够描述多种不同的图表；⑤可以在一定的时间内，写出等于或多于160个词的英文短文，并满足写作要求，如观点明确、语句通顺等。

高校英语跨文化写作教学的更高要求主要有：①能用英语撰写所学专业的简短的报告和论文；②能以英文的书面形式比较自如地表达个人的观点；③能在半小时内写出不少于200个词的英文说明文或议论文，思想表达清楚，内容丰富，文章结构清晰，逻辑性强。

（二）跨文化交际视域下英语写作教学的方法

1. 输入、输出的互补

在英语语言学习中，通常包括两种形式，即输入和输出。输入的基本方式为“读”，而输出的基本方式为“写”。由于输入是输出的前提条件，因此，在英语写作教学中，教师应该高度重视二者之间的互补，将二者的优势都彰显出来。

学生在阅读的过程中既积累了大量的语言素材，又为之后的写作提供了灵感和启发。换言之，“读”能够为“写”提供基本的写作素材。学生只有在大脑中存储丰富的语言素材，才能顺利地展开写作。各种类别的阅读材料存在着作用不同的句子结构，若学生能够掌握这些功能各异的语言素材，一定能增强自身的写作能力，并提高语言输出的速度和质量。此外，语言输入与语言输出具有正相关关系，语言输入越多，则语言输出的效果越明显。因此，学生要想提高自身的英语语言水平，必须不断地阅读和积累，养成良好的英语思维习惯。在写作过程中，部分学生已经找到了适合自己的表达方式，并认为这种表达方式舒服自然。

然而，对这种情形，他们却说不清缘由。这就是英语语言中常常提及的效应——语感效应。

2. 模仿写作的利用

学生已经形成难以改变的汉语思维方式，通常采取翻译式写作方式。换言之，学生在写作时习惯先用汉语思考，然后再将汉语转换成英语。这种写作方式的效率明显不高。针对此问题，主要有两种解决方式：一种是仿写，在模仿写作的过程中，学生能够积累素材，掌握写作模式；另一种解决方式就是通过语块的应用展开写作教学。

人们在学习语言的过程中就已经存储了与不同情境相对应的语块。若需要运用语块，就可以直接从大脑中提取出来，省略处理和组合单词的过程，这样就明显优化了语言输出的效果。基于语块的写作教学包括两种层次：一种是较低的层次，即运用语块将课文内容复述下来。例如，汉英互译、语块造句等；另一种是较高的层次，即学生以小组的形式围绕课文内容展开讨论。在此过程中，教师给予正确的指导，指导学生识别和掌握具有不同作用的语块，再让学生展开写作。这样帮助学生节省了对单词的认知和组织时间，大幅度提高了语言输出的速度和质量。

3. 写作技巧的培养

英语写作技巧始终都是英语语言中的热点话题。高校英语教师要着重培养学生的写作技巧，可以针对以下方面进行培养。

(1) 写作构思

写作构思是创作者有效把握文章整体结构和思路的基本前提。换言之，文章写作的整个过程都离不开构思。写作构思的方式主要有三种：第一，思绪成串式。学生通过画圆圈的方式，将写作主题画在纸上，再依次写出与主题相关的词汇。经过归纳和总结之后，将写作思路表达出来；第二，自由写作式。面对作文题目，学生自由地进行想象和创作，同时将一些创新想法记录下来，并根据这些信息展开写作；第三，五感启发式。如果学生具有一定的感知能力，就能够接收并整合大量信息，快速提取有利于写作的信息。

（2）文章开篇

文章的开头带给读者的印象是最深刻的，并且影响读者对文章的整体评价。因此，若文章开篇写得足够优秀，就能够吸引读者的目光，增强读者的阅读动力。文章开篇的方法主要有六种：第一，名言名句导入式。在文章开头引入富含哲理的谚语或格言，就能够引人入胜。第二，故事导入式。在文章的开篇讲述一个精彩的小故事，可以吸引读者的注意力。第三，比较、对比导入式。根据人们与生俱来的比较心理，在文章开篇采取对比的方式，可以激发读者的好奇心，主要起到强调和突出的作用。第四，开门见山式。在国外的文章中经常出现此方法。由于外国人基本上都是直线型思维，相对直接和爽快，因而开门见山式的开篇能够获得读者的认可和喜欢。第五，问答导入式。在文章的开篇提出问题，从而激起读者解决问题的动力。这种开篇方法等同于自问自答，这种方法也存在很多技巧。第六，定义导入式。若文章引入了新的概念或事物，则需要在开篇就明确其含义，这样有利于读者对之后内容的阅读和理解。定义导入式方法经常应用于说明文或科普类文章。

（3）文章段落发展

在明确写作思路和文章结构之后，就应该着手架构段落。可以采用四种方式展开段落：第一，根据过程展开。按照事情的发展过程进行写作。第二，根据时间展开。在记叙文的写作过程中，经常使用这种方式，按照事情发生时间的先后顺序进行写作。第三，根据逻辑展开。文章逻辑具体指思路的流畅性、段落的衔接性以及句子的连贯性等。对于文章的逻辑性而言，关联词是一种重要的衔接方式，不仅能够使文章更加流畅，还能引导读者正确思考。第四，根据空间展开。若想要描写某个地方的景物，就可以采用这种方式，其原因在于能够为读者带来错落感和整体感。以上方式既能够单独使用，又能够综合使用。具体的文章段落展开方法多种多样，例如类比法、拆开分析法、叙述法、反驳法、重复法以及列举法等。

（4）文章结尾

善始善终指的是开头和结尾都是文章不可或缺的重要组成部分，对于写作成果而言，具有显著的影响。结尾的用途除了表达结果之外，还体验总结前文。常见的结尾方式包括：第一，重申主题式结尾。在文章的结尾部分，总结和强调内容主旨，加深读者对文章的理解和记忆。第二，总结式结尾。通过对全文内容的总结，达到揭示主题的目的。第三，反问式结尾。反问式结尾不仅具有突出主题的作用，还具有增强语气的作用。第四，建议式结尾。针对文章中具有争议性的问题，提出自己的想法观点以及解决意见等。第五，展望式结尾。在文章结尾处蕴含着期望，具有鼓舞和激励的作用。

第四节　跨文化交际与英语翻译教学融合

翻译能力是学生英语能力的重要体现，同时也是各级大纲对学生“听、说、读、写、译”能力的基本要求之一。但就目前而言，高校英语翻译教学普遍没有意识到跨文化交际意识对学生翻译能力提高的重要性，进而导致学生的翻译能力无法提高，翻译人员的数量与质量也不尽如人意。因此，探讨如何在翻译教学中培养学生的跨文化交际意识是非常重要的。

一、跨文化交际对英语翻译教学的意义

（一）深化英语原文的理解

一般情况下，翻译活动需要经历三个阶段，即理解原文、表达译文、校验译文。其中理解原文是翻译工作的基础，更是翻译的核心所在。一旦对原文的理解有误，必然会造成翻译效果的不理想。因此，翻

译活动中的原文理解，不但需要对词汇、语篇结构、句法等表层进行理解，更需要对文中蕴含的深层意义进行理解。若翻译人员缺乏跨文化交际意识，就会导致翻译效果大打折扣。

（二）优化英语译文的表达

翻译并不是源语的词语和语句结构同目的语词语和语句结构的简单转换，也不是在目的语中寻找与源语对等的词语和语句结构然后串接成句的过程。若翻译人员在翻译过程中仅盯着原文的语言转化，最终翻译出来的东西也只能是徒有其表，原文真正想要表达的意思却不得而知。因而在翻译的表达阶段，首先应注意不同文化中语言形式的差异，按照译入语习惯进行调整。

在翻译教学中加强对学生跨文化交际意识的培养有着不可或缺的作用。这不但能够帮助学生加强对原文的理解，更能优化学生的翻译表达能力，进而大幅度提升学生的翻译能力。

二、英语翻译教学中跨文化交际的应用策略

（一）创新课堂教学模式

传统的课堂教学模式是以单元教学为主题，强调学生语调、语音、语法的准确性，侧重教授词汇的搭配与使用。显然，这种模式中的教师还未摆脱应试教育的影响，将重点放于培养学生的应试能力，却忽略了最为关键的文化因素。就目前而言，最常见的教学模式为教师在讲台上讲，学生在讲台下听，课后则是做不完的作业与练习。如此培养出来的学生虽然具有较扎实的基础，能够进行常规的英语写作，但无法成为优秀的翻译人才。究其根源，主要在于中西方的文化存在较大差异。因此，教师必须革新当前的教学模式，在课堂教学中重视文化知识的渗透，培养学生的文化意识。

（二）提升文化移情能力

文化移情是指交际主体自觉地转换文化立场，在交际中有意识地超

越本土文化的框架模式，摆脱自身文化的约束，置身于另一种文化模式中，如实地感受、领悟和理解另一种文化。在跨文化交际中，文化移情能力是连接主体与客体的语言、文化及情感的桥梁和纽带，也是有效沟通的技巧、艺术和能力。

文化移情能力与跨文化交际意识的培养有极为密切的联系。因此，教师应在教学过程中引导学生关注中西方文化的差异，使学生在翻译过程中能够有意识地避免因不了解中西方文化差异而造成的翻译错误。

语言与文化是密不可分的，语言能够反映民族的文化形态，是了解一个民族最有效的手段。诚然，我们已经意识到了文化的差异是客观存在的，但任何一个民族的文化都浩瀚如海，包罗万象。这就需要英语教师在教授学生必要的语言知识的同时，融入文化的教育，帮助学生建立学习语言的兴趣，进而使学生成为真正优秀的翻译人才。唯有如此，才能真正培养出理解文化差异而又懂得翻译技巧的翻译人才。

第五章　跨文化交际与高校英语教学融合的模式

第一节　跨文化交际背景下英语教学模式的构建策略

在国际交流和合作中，英语是最为普遍的交际语言，其既是语言技巧的体现，又是不可或缺的文化载体。每个国家的价值观念和风俗习惯都各有不同，想要学好英语，不仅要掌握基本的语言知识技巧，更要对不同国家的文化内涵有所认识。

跨文化交际在高校英语教学中有着重要的作用。因此，高校英语教师应不断改善自己的教学理念，构建跨文化交际背景下的英语教学模式，进而培养大学生的跨文化交际能力。

一、转变英语教学观念

高校英语教学中往往只注重培养大学生的听、说、读、写等方面的能力，其教材设置也是基于此而研发的。但是在跨文化交际日趋密切的情况下，传统的英语教学模式已难以适应社会的需求和时代的发展。一些教师还沿袭着传统的“教教材”的英语教学方式，一味地讲解教材和分析教材，使得大学生对这种枯燥乏味的教学模式早已丧失求知的欲望和学习兴趣。而在跨文化交际背景下，教师必须与时俱进，转变自己的教学观念，深入研讨高校英语专业教学人才的培养方向，在英语教学的过程中有效渗透跨文化交际的内容，构建全新的高校英语教学模式。这要求教师在英语教学中不能只传授词汇、语法、句型结构、短语搭配等基础性知识，还要在英语教学过程中结合英语语言的文化背景，不断地向学生进行渗透。在丰富英语教学内容的同时，也使得高校大学生自身英语语言的实用性得到加强。唯有秉持这种教学观念，才能将跨文化交际背景下的英语教学工作得以有效落实，使大学生在掌握好基础知识的同时，还能有效习得良好的英语交际能力和口语表达能力。与此同时，跨文化交际背景下的高校英语教学，不仅能够极大地拓宽大学生的文化视野，使得大学生的知识面更广，也能促进其跨文化交际能力的有效生成。

二、改进英语教育的教学方法

在传统的高校英语教学中，教师习惯引导大学生对英语内部结构和语言形式进行探究性学习，而忽视了这些内容同英语语言意义及其语言形式的有机关联。教师在英语教学中的这一教学倾向，使得大学生在英语学习中对英语知识只注重表层的理解，而缺乏对语言本质的深入挖掘和探究，致使其自身跨文化交际能力弱。当大学生身处不同文化背景的交流与交际中时，他们难以准确地运用英语语言进行对话。鉴于此，高校英语教师就要在英语教学过程中，不断改进自己的教学方法，根据教学需要渗透有关跨文化交际方面的教学内容。同时，通过组织和开展多种形式的教学活动，灵活运用多种教学手段，加强跨文化交际的实践探究和教学研究，最大限度地提高跨文化交际的有效性。

三、加强英语互动课堂的搭建

跨文化交际背景下高校英语教学模式的构建，倡导的是在英语课堂教学过程中开展主题式情景对话与交流，让大学生在特定的情景对话与交流中不断生成跨文化交际能力。这需要英语教师在教学的过程中，引导和组织大学生围绕某一主题搭建互动式的交流平台，使大学生得以在英语课堂的情景互动与交流的过程中去发现问题。而后，再引导大学生根据其所发现的问题，去深入地分析，再解决，直至能够正确表达该情景下的英语语言的特定意义以及能够与他人进行准确有效的语言交流。

此外，除了构建互动式英语课堂上的情景对话与交流，还可以引导大学生将跨文化交际活动投放在课堂之外。通过课内学习与课外活动相结合的实践探究式教学模式的有效开展，使高校的英语课堂教学得以从课内延伸到课外，促进学生跨文化交际能力的有效生成。与此同时，互动式英语课堂教学，有利于建立平等的师生关系，对增进生生互动、师生互动有着重要的意义。

第二节　英语跨文化交际教学的协作学习模式

协作学习模式是基于建构主义的一种学习理论，也是比较流行的一种学习模式。这种模式让学生以协作的形式来达到学习的目的。在信息化技术水平高速发展的今天，这种通过小组或者小团队进行学习的方式越来越受到大众的欢迎。目前的协作学习模式主要有三种：第一，竞争模式。让学生组成一个小组，在学习完毕之后相互竞争，小组内成员互相竞争，能提高学生的学习积极性。第二，协同模式。主要是让一个小组内的学生相互协作，在学习时遇到不会的内容时，相互指导，互相促进，更好地提升学习效果，增加了学生体验性。第三，辩论模式。该种学习方法较为激进，教师课前需要准备好一系列的问题，到课堂中提出问题，让学生利用掌握的知识在课堂上以辩论的模式来进行学习。

一、网络环境下的英语跨文化交际教学协作学习模式

（一）协作学习模式及其方法

基于网络的英语协作学习是指利用计算机网络以及多媒体等相关技术，建立协作学习环境，使教师与学生、学生与学生针对同一学习内容彼此讨论、交互合作，以达到对教学内容比较深刻的理解与掌握的过程。其实现方法如下：

第一，协作小组的划分。协作学习中，小组成员的确定是至关重要

的，也是学习任务完成的关键一步。学生根据各自的兴趣、爱好和特长，五人组成一个小组。在组建小组时，应当尽量确保小组内的学生能够取长补短，即小组成员是异质的、互补的。分组时应考虑学生的性别、能力、爱好等。

第二，明确学习目标与任务。分组后，首先，应明确小组共同的目标和协作成果的评价标准。其次，小组成员通过讨论与协商，制订出协作计划和完成任务的时间表，并为每个人分配相应的角色，明确每个成员的任务职责。最后，将个人的成果和小组的成果统一综合起来。

第三，选择合适的语料输入。网络环境下的协作学习不同于传统的协作学习。网络环境下的协作学习不是全班各组围绕一个问题进行讨论，而是在线的学生通过虚拟的教室，利用电子公告板或电子邮件等工具进行组内讨论。因此，教师选定适合的协作学习内容非常重要，学习内容不但要难度适中，而且要内涵丰富。因为学生能够通过网上的资料检索自己想要的信息，所以选定的学习内容要有进一步讨论的空间。完成内容的选择后，教师还要指派一名组长，并指导组长把内容任务细化至每个在线的学生，进行合理的分工。每一次学习交流中，小组的任务不同，个人的任务也不同。大家相互联系、相互配合、取长补短，通过网络形成有机的学习整体。

第四，指导小组成员进行课外讨论学习。每一个在线的学生在确定小组以及个人的任务后，教师就要引导他们进行课外的协作性学习。学习的渠道可以是多种多样的，如通过因特网、书籍、报纸、杂志等收集信息。通过社会调查，包括采访、参观、问卷等获得第一手资料等。此时教师也应为学生创造相应的条件，如教授他们查阅、检索文献的方法，培训他们的计算机技能向他们提供一些网址和大型的网络检索工具，等等。学生可以自主地进行学习，遇到难题时通过网络求助教师、同学以及网络上任何一位对该问题感兴趣的人。上述活动可以培养学生运用信息工具的能力，特别是从计算机网络中检索信息的能力，也能使学生具有敏感主动的信息意识，能够根据自己的学习目的收集整理所需的信息。

第五，小组协作研讨。收集整理完信息之后，学生要将各自获得的信息同组内的其他成员进行交流。在此过程中，所有的小组成员彼此交流他们的情况，不断地讨论他们弄懂或没有弄懂的问题。然后，将各种信息进行分析、归纳、整理，并提出本组的独立见解，最后形成书面报告。通过对众多信息的思维活动，学生可以得出创新的结论。同时，通过网络工具进行研讨的方式，不但提高了学生使用工具的熟练程度，还培养了他们的合作精神和人际交往能力。当网络教师通过观察或参与讨论，发现小组成员之间的研讨已接近尾声时，便可召集各小组的组长通过同步或异步的方式进行座谈，接受他们的电子文档，听取他们的汇报，协调他们的工作。

第六，学习结果评价。学习评价不仅要对学习结果做鉴定，更重要的是在学习过程与学习效果方面对学生的学习进行反馈、激励和改进，形成以评促学的动力机制。为此，我们必须对评价机制做一些改革：首先，学习评价必须贯穿整个学习过程。及时发现学生的问题和成绩，及时进行调控和激励。其次，评价方式要多样化。根据是否数量化，分为定性评价和定量评价，按评价的对象分为自评、互评和教师评价，按时间分为日常性评价、阶段性课题作业评价和学期考试评价。对学生的每个学习阶段都从课题质量，小组协作、探索和创新三方面进行评价。这样既保证学生扎实的学习基础和稳固的知识结构，又促进他们综合素质、个性品质等的发展。最后，自评，互评与网络辅导教师评价相结合。阶段性评价要求各小组对内部成员和在小组之间进行自评、互评，教师在此基础上评定小组成绩和个人成绩。自评是自我教育的一种形式，通过自我评价可以促使学生一分为二地分析自我、调整目标、激励自我。互评是集体教育的一种形式，互评的过程就是通过集体教育达到自我教育的过程。教师评价是自评、互评的引导和补充。三者结合才能使评价更全面、反馈更及时、激励更有效。

（二）网络环境下协作学习所呈现出的特点

第一，网上教学系统和互联网教学信息的丰富性和共享性。丰富健康的学习资源是网络学习得以展开的基础，多元化的网络资源为人与人的协作提供了最大的可能性。网络向每个人都敞开了信息的大门，使得交流内容更加深入，交流范围更加广泛，协作关系更具有选择性。人们可以和不同的人交流，选择能够解决自己问题的协作伙伴。而基于网络的合作学习由于其技术上的优势，使许多文件保存、信息处理的任务被隐藏在学生的合作学习过程中。这有利于参与成员全身心地投入，增加了参与的深度。此外，由于网络信息资源的丰富性、集成性，学生能够在较短的时间内完成材料的收集、整理，这使他们可以把更多的时间和精力投入合作学习所欲达到的最终目的上去。

第二，借助计算机网络。在协作学习中学生的分组是一种灵活的机制，可以以个人为单位、以对为单位、以小组为单位或全体成员活动等。这种分组可以是变化的，特别是在学习的不同时期，必须使用不同的分组，才能最大限度地提高学生学习的效率。借助网络环境使协作学习中的分组更为方便、灵活、多样。

第三，充分体现了合作成员的主体性和意义建构。传统的合作学习，主要依赖的是学生之间的相互协作和共同影响。通过小组成员之间的团结协作，促进学生相互之间的知识建构、社会建构，从而达到有效的学习效果。而多媒体网络环境的创建，一方面使得教师在学生意义建构方面的促进作用逐渐加强。教师与其他教师及教育技术人员通力合作，利用现代多媒体技术，以各种信息方式来呈现信息，既可以对合作学习过程进行总体引导，又能针对不同水平的学生进行个性化的个别辅导。另一方面，学生作为学习的主体和意义建构的主导者的作用也在更大程度上得以体现。在多媒体网络的帮助下，学生可以更好地克服面对面交流时所存在的交际障碍。学生通过积极参与、互相配合，与教师和同伴一起创设新的教学情境。通过自主探究，学生可以更多地积累意义建构时所需的原始素材，并通过积极思索，将新知识与已有的知识建立联系。

二、英语跨文化交际教学中协作学习模式的具体运用

协作学习的基本模式有多种形式，如竞争、辩论、协同、问题解决、伙伴、设计和角色扮演等。以下主要探讨英语教学中常用的协作学习模式。

（一）竞争模式

竞争模式是指两个或多个协作者参与学习过程，过程中有辅导教师参加的模式。辅导教师根据学习目标和学习内容，对学习任务进行分解，由不同的学生承担。学生在独立地解决学习问题的过程中，可以看到竞争对手以及自己的状态，并由此调整学习策略。辅导教师对学生的任务完成情况进行评价，其他学生也可以对其发表意见。各自任务的完成，就意味着总任务的完成。

在进行英语词汇和口语训练时，教师把要复习的单词写在纸上，发给每个两人学习小组（如同桌），让两人围绕所给词汇进行对话。一人给出词语的英语解释，但不能说出单词本身，另一人猜词。如单词“apple（苹果）”，通过说出“a kind of fruit（一种水果）”“red（红色的）”“round（圆的）”“sweet（甜的）”，基本上就可以猜出这个单词。最后，看哪组用的时间最少，猜对的词汇最多。通过这种竞争性的猜词练习，不仅能加深学生对所给词汇的理解，还让他们复习了相关词汇，并且使他们的口语得到了训练。竞争性模式有利于激发学生的学习积极性和主动性，但是，在竞争的过程中，一定要注意与协作的结合。竞争可以在小组内进行，也可以在小组间进行。

（二）协同模式

协同模式是指多个学生共同完成某个学习任务的模式。在任务完成过程中，学生发挥各自的认知特点，相互配合、相互帮助、相互促进，或者根据学习的性质进行分工协作。不同的学生对任务的理解不完全一样，各种观点之间可以互相补充。学生对学习内容的深刻理解和领悟，

可以在与同伴紧密沟通及协调合作的过程中逐渐形成。在进行英语的阅读和口语训练时，教师可以把一篇文章分为两部分，发给协作小组的两位学生（如同桌）。学生一边阅读自己手中的部分文章，一边积极思考全文大意。然后，两人互相合作，告知对方自己阅读的这一半内容，询问对方所读到的文章内容，努力弄清整篇文章的大意。然后，用口语将文章的主要内容表述出来。通过这种协作学习，再加上辅导教师的适当讲解，学生对文章内容的理解和掌握会比传统的教师授课效果要好得多。

（三）辩论模式

辩论模式是指协作者之间围绕给定主题，先确定自己的观点，辅导教师对学生的观点进行分类，确定正方和反方，然后双方围绕主题展开辩论的模式。例如，在一节英语口语课中，教师可以先确定一个题目，然后根据学生的观点，把同意这种说法的学生确定为正方，不同意这种说法的学生确定为反方，让双方展开辩论。辩论过程中可以由对立的双方各自论述自己的观点，然后针对对方的观点进行辩驳。最后，在教师的指导下，由大家评议，观点论证充分的一方获胜。在整个辩论过程中，学生不但要自己想出支持自己观点的理由，还要驳斥对方的观点，这需要以流利的口语为基础。这样，在辩论的过程中，学生的词汇、语法结构、语言表达能力都能得到很大的提升。

（四）角色扮演模式

角色扮演模式就是让不同的学生分别扮演学习者和指导者的角色，由学习者解答问题，指导者对学习者的解答进行判别和分析的模式。如果学习者遇到困难，指导者可帮助学习者解决。

综上所述，在英语教学中应用协作学习模式，可以让学生感受到同学不再是竞争的对手，而是促进学习的帮助者。协作式学习能够促进学生主动地参与学习过程，有效地激发学生的学习兴趣，充分调动学生作为认知主体的主动性和积极性，使学生的学习活动更加生动活泼和丰富多彩。

第三节　英语跨文化交际教学的任务教学模式

语言是文化的载体，作为一门语言，英语兼具工具性和人文性的特点。英语本身就是以其为母语的国家的文化重要组成部分。伴随英语交际产生的还有不同风俗、不同思维方式、不同价值观的交流与碰撞。

高校开设跨文化交际课程意义重大。首先，它能帮助学生提升语言综合应用能力。目前高校跨文化交际课程多为英文教材，课堂授课以英文为主，教师同时会布置大量延伸阅读。该课程的学习对学生语言能力要求较高，学生的语言能力在大量阅读中得到较大提升。跨文化交际课程中的言语交际这一部分，直接在日常言语交际、文化负载词、习惯用语、禁忌语、文化思维模式等方面进行中英文对比，一定程度上可以帮助学生进一步了解语言的特点，从而提升语言综合应用能力。其次，这一课程的开设有助于学生传承本国文化，增强自信。学生在对中外思维模式、价值观、世界观等全方位对比的过程中，对本国文化的特点及优势有更透彻、更客观的了解。这有利于培养他们的民族自信心，也有利于民族文化的传承。最后，跨文化交际的学习能帮助学生拓宽国际视野、了解他国文化，进而取长补短，学会批判性思维。这门课程的学习让学生学会客观、理性地看待全球的多元文化，让他们在跨文化交流中尽量避免立场的预设，塑造他们包容、开放的跨文化人格，提升他们的跨文化交际能力。

一、英语跨文化交际教学任务型教学模式的构建

任务型教学模式是以具体的学习任务为学习动力，以完成任务的过程为学习过程，以展示任务成果的方式体现教学效果的教学方式。

任务型教学模式自 20 世纪 80 年代产生以来一直备受瞩目。任务型教学模式将任务置于课程规划的核心地位，认为学生通过完成特定的课堂任务而习得外语，并将交际法语言教学重塑为基于任务而不是基于语

言的交际法教学大纲。

任务型教学模式重视学习过程，在传统语言知识教学的基础上，着重培养学生的两种能力，即交际能力、综合运用语言的能力。任务型教学模式所代表的理念被鲁子问等人归纳为：语言是一种工具，用于表达思想、交流情感、解决问题。语言学习不能只依靠以形式为中心的机械训练，还要依靠语言的使用。

语言学习的目的是利用语言解决问题，而不是单纯地掌握语言知识和培养语言技能。在现阶段的义务教育中，英语课程标准所倡导的外语教学法是任务型教学模式。

国内外研究者对“任务（task）”这一术语的解释不尽相同。

（1）有助于达到语言学习整体目标的所有课堂活动都可看成任务，包括简短的语法练习和更为复杂的涉及真实的意义交流活动。

（2）任务是语言加工的产物或语言理解的结果，如边听录音边画地图、听指令做动作等。教师通常需要明确任务要求、衡量学生是否成功地完成任务。多样化的任务可以增强课堂活动的目的性，使学生有机会运用语言，从而使语言教学更具交际性。

（3）任务是一项有特定目标的工作或活动，通常作为课程的组成部分，或在研究中用于搜集数据。

（4）任务是学生通过对已知信息进行思考加工而达成某一结果的活动。

（5）交际性任务是学生理解或掌控目的语，并用目的语进行互动的活动。在使用语言的过程中，他们的注意力主要集中于交际意义而非结构形式。

（6）任务是学生关注意义、使用语言达成目标的活动。

（7）学生应用目的语所进行的促进语言学习，涉及信息理解、加工，或解决问题、决策问题的一组相互关联的、具有目标指向的课堂交际或互动活动都可以称为任务。

（8）任务应具备五个要素：①要有意义；②要有待解决的交际问

题；③与真实世界的交际活动相似；④首先要完成任务；⑤根据结果评估任务。

（9）任务的主要特征包括：①输入材料。输入材料指学生完成任务所使用或依据的书面材料或视听材料。②角色。角色指学生在完成任务时所需扮演的角色，如信息发出者或信息接收者。③情境。情境指任务所产生和执行的环境或背景条件，包括语言交际的语境，同时涉及课堂任务的组织形式。

（10）程序。程序指学生在完成任务过程中所涉及的操作方法和步骤，即“怎样做”，包括任务序列中某一任务所处的位置、先后次序、时间分配等。

（11）监控。监控指确保任务顺利完成的监督过程。

（12）目标。目标任务具有目的性，一方面是任务本身要达到的非教学目的；另一方面是利用任务所要达到的预期教学目的。

（13）反馈。反馈指教师或同伴对任务完成的整体情况进行评价，包括语言使用的纠正性反馈和其他有用的反馈。

（一）任务型教学模式的理论依据

任务型教学模式的理论基础是苏联心理语言学家维果茨基的语言和学习理论，该理论强调语言学习的社会性以及教师和学生对促进个体学习的重要作用。语言的获得，先是人与人之间相互作用的结果，然后才转变为自己的知识。学习是一种有社会真实性的协同努力，其中师生共同参与有明确目标导向的互动性任务。

任务型教学模式的理论依据还包括互动假说、输出假说、有限容量假说和认知假说等。

互动假说强调语言习得中的互动，即意义协商，在二语习得中起到决定性作用；意义协商是当沟通理解发生困难时，交谈的双方必须依据对方的理解与反馈，进行诸如重复、释义、改变语速等语言上的调整，从而使输入变得可理解；互动假说关注选择性注意和负面反馈在语言习得中的作用。

输出假说提出对输出的关注可以促进二语习得，给学生提供语言输出的机会是语言发展的关键所在。在目标语输出过程中，学生会注意到“知”与“不知”、“会”与“不会”之间的距离，进而了解自己对外语的掌握情况。输出还为学生提供了在实际运用中尝试新语言的机会，并对外语的结构形式进行反思。

有限容量假说指在注意力有限而需要关注的语言侧面不止一项（比如语言精确度、语言复杂度、语言流利度）的情况下，学生会进行优先度排序，将注意力更多地投入某一项中。

认知假说是基于一语习得提出的。在一语习得的发展过程中，概念化发展为认知假说的成立创造了条件。

“任务”对二语习得过程产生的促进作用包括：①任务能提供意义协商和理解输入的语境；②任务能就学生的输出提供吸纳纠正性反馈的机会；③任务能提供整合、内化、修订过的输入机会；④任务揭示自身输出与源输入之间的差距；⑤任务的认知要求将学生的注意力集中到特定形式上，促进语法化过程和输出的精确度；⑥认知要求较低的任务可以促进自动化过程和输出的流利度；⑦认知要求较高的任务可以促进句法化程度和输出的复杂度；⑧任务的认知要求能促进概念化重塑；⑨任务排序能强化记忆。以上情况必须建立在具体的交际语境之上。

从上述结论中可以看出任务型教学模式研究发展的轨迹。起初人们关注如何互动和意义协商，从而加强输入的理解。现今，人们更加关注如何使输出的意义和目的语的言语更为一致。

（二）任务型教学模式的任务特征

对任务特征分类的研究主要考查哪些特征对互动和习得最有影响力，以利于教学任务设计。对此，可以根据语言的复杂性、认知的复杂性和交际的紧张度划分任务的难度，也可以从输入、任务条件、认知加工过程和任务目标四个方面描述任务特征。

（1）输入包括四个变量：媒介、语言复杂性、认知复杂性和信息熟悉度。

(2) 任务条件包括三个变量：参与者关系、任务要求、完成任务所涉及的话语模式（对话或独白）。

(3) 认知加工过程指完成任务所涉及的认知加工层次。从信息交流到进行推论，再到进行观点的交锋。

(4) 任务目标包括三个变量：媒介（通过图画、口头或书面语展示结果等）、任务结果是开放式的还是单一式的解决方案、任务结果所涉及的语篇模式（描写、叙述、分类、指示、辩论等）。

因为二语学习者存在个体差异，所以任务难度是一种主观因素，主要涵盖情感和能力两个维度。任务复杂度是一种客观因素，是由任务对学生的认知加工要求决定。任务复杂度与学生个人能力无关，只与任务本身的结构和设计有关。因此，对不同学生而言，一项既定任务具有不同的任务难度和相同的任务复杂度。

将任务复杂度进一步细分，可以分为资源导向和资源分散两个维度。在完成二语任务过程中，两个维度对学生注意力资源的分配会产生截然不同的影响。在资源导向维度上增加任务复杂度，能够将学生的注意力资源导向特定的语言结构和形式，使产出的语言更加准确和复杂；在资源分散维度上增加任务复杂度，则会消耗学生更多的注意力和工作记忆，使学生分配给语言形式的注意力资源相对减少。学生可以调用多重注意力资源，任务复杂程度的提高也有可能使学生的表现得到改善。因此，学生对形式和内容的关注并不一定是矛盾的。

任务型教学模式分为真实任务和课堂教学任务两种任务类型。真实任务是根据学生的需要，模拟真实交际而设计的演练任务。例如，学生有假期出游计划，则需要进行决定目的地、预订航班、选择旅馆、预订房间等一系列演练任务；学生有申请高校的需要，则需要进行写申请信、回复信件、咨询经济资助、选择课程、电话或网络注册、支付学费等一系列演练任务。而课堂教学任务不一定能反映真实交际，其是根据二语习得研究设计的语言学习任务。

任务型教学模式从教学的角度可分为六种任务类型，包括列举、排序、比较、解决问题、分享个人经历和创造性任务。其中，创造性任务比较复杂，一般来讲，完成创造性任务时可以把任务拆分成几个阶段，必要时还要进行前期调查。

从认知角度可将任务型教学模式划分成三种任务类型：①信息沟通任务。指对所给信息进行由此及彼的传递，由一个人传递给另一个人，或形式上的转换（如将文字信息转换成图表），或时空的转换，涉及对语言的解码和编码。②推理沟通任务。指根据所给信息，通过推理、演绎，或对关系、模式的识别等过程，推导出新的信息，如根据班级课表推导出教师课表。③观点沟通任务。指针对所给情境，明确表达个人喜好、感受或所持态度，如续编故事、参与讨论等。这类任务的结果通常是开放式的。

任务型教学模式包括三个步骤：①任务前活动；②任务环，包括任务、计划、报告；③任务后活动，包括聚焦于语言形式的分析和练习。此外，任务型教学模式的课堂教学程序分为五个阶段，即任务的设计、准备、呈现、开展和评价。任务型语言教学途径不是一种教学方法，而是一种教学思想。在实际运用中，任务型教学的操作方式根据任务难度的不同而不同。部分简单的任务可能只有一两个步骤，而一些复杂的任务则需要划分许多不同的阶段进行。

在任务型语言教学中，教师有着多重角色。在选择任务并决定任务顺序时，教师是选择者和决策者，要充分考虑学生的需要、兴趣和语言水平；在引导学生完成任务的过程中，教师是组织者、协调者、参与者、评价者等；在语言学习过程中，教师还要扮演本职角色，负责培养学生的语言意识。在完成任务的过程中，学生可以是参与者，参与整个活动；学生可以是探究者，观察自己和同伴的表现；学生可以是监督者，监督自己和同伴使用语言和学习策略的情况；学生还可以是发明者，尝试用最好的办法解决问题。

任务型教学模式自诞生以来，就被广泛地运用于全世界的语言课堂中，任务已经成为许多教学流派语言教学主流技巧的一部分。

二、英语跨文化交际教学课程中任务教学模式的运用

任务教学法中的任务具有一定的真实性和交际性。任务教学法将知识的学习融于任务的解决之中，将学习与实践相结合，这种探究式的学习方式能最大限度地激发学生的学习兴趣。跨文化交际课程是一门交际性与实践性较强的学科，教学目的是让学生通过真实的案例了解并学会尊重不同文化之间的差异，以包容、开放的心态与不同文化背景的人进行交流，并根据交际情景和交际对象的不同，恰当地使用交际策略，将理论知识与实际应用相结合，从容应对交流过程中出现的各种问题。任务教学法在跨文化课程教学中的具体应用可以按任务的三个阶段进行细分。

第一，任务前阶段。学生自行分组，自选组长。在教师的引导下，各组学生明确任务需实现的目标，进行组内分工，明确每个学生在任务中的定位。同时，教师应就布置的任务进行知识的导入、文化背景的简单介绍，或提供视频资料，等等，帮助学生理解并规划任务。

第二，任务中阶段。①制定阶段性目标并将任务细化，明确各细化任务的时间节点。前期资料搜集完毕后，小组组内交流讨论，提出解决问题的方案或梳理清楚观点，并最终形成报告。②小组进行班级汇报，在班级范围内与其他同学互动、讨论。

第三，任务后阶段。教师进行点评与总结，解答学生的疑惑，进一步帮助学生理清与任务相关的跨文化知识点。随后，小组同学再进行总结，争取对相关知识有更清晰、更系统的理解。

在实际教学中，教学过程按以下步骤展开。

（1）以 4～5 人为一组，做好前期任务分工，如案例的搜集、信息的查找、问卷的设计等，并要求学生将任务细分到各组员。

（2）前期任务完成后，组员进行对资料的讨论或对案例的分析，并以采访等形式完成设计。随后，小组就得出的数据进行总结，找出二者的差异。最后，小组成员将各自讨论后的观点形成文字，结合各项资

料、数据，以 PPT 的形式进行班级汇报。教师随后引导学生进行班级范围的讨论。

（3）班级讨论结束后，教师进行打分、点评及总结，并结合学生的讨论内容与案例进一步引导班级学生交流、思考并进行总结。让学生对讨论内容有更深入的理解，从而更客观、从容地应对跨文化交流中的类似问题。

在整个教学过程中，学生查找资料、调查探究、交流讨论，并用报告的形式向班级同学展示学习成果，在完成任务的过程中学会运用语言解决实际问题。学生参与度高，课堂气氛活跃。同时，采用任务驱动教学模式，课堂师生的互动性更强，讨论氛围更浓厚。教师在教学中与学生产生情感共鸣，能让教师更易获得满足感及成就感。

综上所述，任务教学模式具有较强的实用性，它将课堂学习延伸至课外，给予学生更大的学习空间，让其在探索任务、解决问题的过程中学会如何将理论知识与实践相结合。它充分发挥学生的主观能动性，培养学生解决问题、独立思考的能力，激发学生的学习兴趣，培养他们的协作精神。当然，在具体教学过程中教师会遇到一些问题，如小组成员之间学习态度、学习能力、知识层次存在差异，可能导致部分学生敷衍了事，或过于依赖他人。这就需要教师在学生完成任务的过程中扮演好引导者、监督者的角色，随时与学生沟通，提供帮助。在学生制定、分配任务的过程中亦可以加以指导，尽量使每位学生充分参与任务，提高学生的跨文化认知与交际能力水平。

第六章　依托现代教育技术的跨文化交际与高校英语教学融合发展

第一节　跨文化交际背景下高校英语翻转课堂教学

一、翻转课堂概述

（一）翻转课堂的含义

我们所说的翻转课堂指的是把教师自己所讲授的课程的教学内容和计划等作为依据，从而非常细心地制作微视频。不论是在家里还是在其他的环境中，学生都可以使用教师制作的微视频开展自主性的学习。到了课堂上以后，学生可以和教师之间进行面对面的交流，对于学习中遇到的问题或者是课堂作业中遇到的问题进行较为有效的解读的教学方法。

传统意义上的教学模式就是学生在课堂上听教师讲课，在课下积极完成这一课程的作业的模式。翻转课堂和传统意义上的教学模式是完全不一样的。在翻转课堂中，学生先自己学习，然后教师再讲授。这样的学习具有一定的自主性，是一种新型的教学模式。和传统意义上的教学相比较，这样的教学模式可以使学习质量得以提高，使学生的学习效果更好。然而，翻转课堂和传统意义上的在线视频学习又不是一样的。因为翻转课堂既需要学生在课前利用微视频进行有效的自主学习，又需要教师和学生之间进行面对面的交流。并不是说微视频完全代替了教师的课堂讲授，也不是说学生可以随意地进行学习，更不是让学生孤立地进行学习。翻转课堂是一种新型的教学手段，其可以增加师生之间的互动交流，让学生对自己的学习负责。翻转课堂采用直接讲授和建构主义相结合的模式，让学生在不能出现在课堂上的时候也能跟上学习的节拍。利用翻转课堂，学生可以随时查看课程，发现其中的不足之处，从而调动自己的学习积极性。

（二）翻转课堂的特点

很多年前，人们就使用视频开展教学。20 世纪 50 年代，世界上很多国家开展了广播电视教育，这是视频教学较早的表现。那个时候的视频教学并没有很大的影响，但是，翻转课堂却引起了人们广泛的关注。为什么呢？主要是由于翻转课堂具有这样几个特点。

1．教学的视频比较短小精悍

不论是哪一种教学视频，都具有短小的特点。当然，即使短小，它们的质量也是非常好的。相对来说，大多数视频的时间并不是很长，一般都是几分钟而已，即便是稍微长一点的视频，也只有十多分钟的时间。不一样的视频针对的问题是不一样的，在进行查找的时候也是比较方便的。视频的时间和学生的注意力的集中时间差不多，这一点是和学生的身心发展特征相符合的。在网上发布的视频，可以暂停，也可以回放，功能非常齐全，学生自己可以随时学习。

2．教学的信息非常清晰和明确

传统意义上的教学视频经常会出现教师的头像和教室中各种各样的物品，这些都会对学生的注意力产生一定的影响，尤其是当学生自己进行学习的时候。翻转课堂对此进行了改善，录像中没有什么干扰性的因素，采用一个教师对一个学生的方式。

3．重新建构学习流程

翻转课堂最为明显的标志就是教学的流程被颠倒了。一般来说，学生开展学习的过程主要包括两个阶段：第一个阶段是对信息进行传递，这一阶段是借助教师和学生、学生和学生之间的互动来实现的；第二个阶段是对信息进行吸收和内化，这一阶段是课程结束以后学生自己完成的。因为在吸收和内化信息的阶段，学生并不能及时寻求教师和同学的帮助，故而学生在这个阶段就有可能会产生一定的挫败感。翻转课堂对学生学习的过程进行了重新解构。在翻转课堂中，信息的传递是在上课之前进行的，教师既需要为学生提供学习的视频，又需要提供在线的辅导。对知识进行吸收和内化的阶段主要是在课堂上进行的，教师提前对学生的困难进行了解，上课的时候对学生进行较为有效的指导，学生和学生之间也能进行交流，这样对知识的内化和吸收更为有利。

4. 对教师和学生的角色进行了重新定位

教学流程的转变、信息技术和教育较为有效地融合，这些都对教师和学生之间角色的变化产生了一定的影响。学生是学习的主体，教师是学习的设计人员和推动人员。但这并不代表教师的作用变小了，正相反，教师对翻转课堂具有决定性的作用。

5. 越来越依赖于信息技术

在课下进行学习的时候，如果离开了信息技术的支持，学生就很难获取教师的帮助，学习的效果也会很不理想。不论是教学的课件还是教学的视频，都需要借助信息技术来把知识传递给学生。在上课之前，教师也需要借助信息技术对学生的学习情况进行一定的检测。这样的话，教师就需要不断地对信息技术方面的知识进行学习，同时还要不断提升自身的操作能力。

6. 进行复习检测的时候比较方便和快捷

当学生对教学视频进行观看之后，要想知道学生对学习的内容了解了多少，教师可以利用视频后面的几个小问题对学生的学习情况进行检测，让学生对自身的学习情况也有所了解。在回答问题的时候，如果学生发现自己回答得并不是很好，还可以再看一遍视频，看看哪里回答得不是很好。学生回答问题的情况能够通过云平台进行整理，教师可以对学生的学习情况进行了解。教学视频可以让学生在学习了一段时间以后还能对知识进行复习。因为评价比较迅速，所以可以为学生的学习提供比较充实的资料，这样可以方便教师更好地对学生进行了解。

由于翻转课堂具有以上这些特点，人们对其关注点才比较高，翻转课堂也才能更好地帮助学生开展学习。

二、跨文化交际背景下翻转课堂教学模式的发展趋势

现代信息技术不断发展，翻转课堂教学的发展也非常快，这样的教学模式是对未来教育的一种预见。在新媒体的环境下，相关课程的教师把学习的相关视频提供给学生，在上课之前，学生对学习视频进行观看和学习，教师和学生在课堂上对作业的疑问进行解答，同时进行一定的互动和交流，所谓的翻转课堂就是这样的一种新型的教学模式。这样的教学模式和高校的英语教学所倡导的自主学习模式是一致的，其促进了英语教学改革的发展。在跨文化教育中，高校的英语教学的优势次序是比较靠前的，我们需要知道怎样才能借助翻转课堂来实现英语的跨文化教学。通过实行翻转课堂教学，可以培养学生的自主学习意识，使他们自行获取文化知识信息，确保跨文化交际课程的有效实施。

（一）高校跨文化交际英语教学中采用翻转课堂教学的必要性和可行性

1. 翻转课堂在高校跨文化交际英语教学中的必要性

要想开展跨文化英语教学，首先需要做的就是对学生的自主学习能力进行培养。学生自己的主观性认识和自身的感受对英语交际能力和跨文化交际能力培养具有非常重要的影响。学生只有不断提高自身的自主学习能力，才能促进跨文化教育活动的开展。受到现代信息技术的影响，在翻转课堂中，对知识进行传递的过程主要是在课下进行的。在课下的时候，学生可以根据自己的实际情况学习教师的资料，自主安排知识学习进度。与此同时，学生还可以为学习跨文化交际做好较为充分的准备。这样的教学模式可以让学生不至于因为自身的基础与别人不一致而产生自卑或者是自负的情绪。当学生把各种各样的语言认知上的障碍排除以后，其就可以在课堂上非常流畅地进行交流和思考了。如果学生变得更为积极主动，那么，他们也就会更加自信，也就能更加积极地参

与英语的跨文化教学。

跨文化英语教学，既包括一些基础性的语言知识，也包括培养人的社会人文素养。高校阶段的学生，因为其在上中小学的时候就已经具备了一定的语言能力，故而高校培养的重点是人文素养。但是，一般而言，因为上课的时间非常有限，跨文化英语教学并不能有效地开展。传统意义上的高校英语教学中，因为时间并不是很充分，关注的重点还是语言教学。实际上，知识的讲授是可以单向学习的，但是素养和思维能力的学习是需要一定的参与、体验和反思能力的。在翻转课堂的教学模式中，传授知识主要是在课堂之外进行的。在课堂上，教师主要是对活动进行组织，对学生进行指导，回答学生的疑难问题，还要积极引导学生对所学的知识进行消化和吸收，促使他们积极进行交流和探究。翻转课堂教学模式对课堂资源的分配具有积极作用，它可以促进跨文化英语教学的有效开展。跨文化英语教学既需要对一些基本的语言知识进行评价，还需要对一些比较复杂的知识进行测试。翻转课堂对学生的学习成果进行了多角度、全方位的评价，既包括上课之前的通过网络平台的自己对自己的测评，也包括上课期间小组内的评价、教师对学生的评价等。这些都是对传统意义上的教学考试评价的补充。

2. 翻转课堂在高校跨文化交际英语教学中的可行性

受到信息技术发展的影响，翻转课堂是跨文化英语教学发展必然的态势，高校的英语教学需要对信息化教学的模式进行较为有效的探索。现代化信息技术的发展，促使学生自主地学习发展，使得学生和学生之间、教师和学生之间的交流变得畅通。和中小学的英语教学相比较，高校更容易实现翻转课堂的教学。这是因为大学里的课程安排并不是很集中，大学生的时间更为充分，也更为灵活，这样的话，大学生就可以在课下对一部分内容进行预习。还有就是，和中小学生相比较，大学生的自制力和行动力更强，也就具有更强的网络技术操作能力，这对于其个性化自主学习的完成具有更好的促进作用。

(二) 高校跨文化交际英语教学中的翻转课堂的教学目的

交际英语的教学旨在教会学生正确得体地使用英语语言行为和非语言行为进行跨文化交际。在教学过程中，不仅要注意学生的语音、语法、词汇等，更要重视让学生了解英语的文化背景、使用规范的沟通习惯等。在交际英语教学过程中，应用翻转课堂的形式弥补授课时间不充足、学生演练时间少的缺憾。利用翻转课堂的特点，学生可以成为知识传播过程中的主体，通过课下的自主学习、课上充分的自主交流和讨论，学生能更好地掌握交际英语的相关知识，获得更多实际经验，从而达到英语交流无障碍的最终目标。

(三) 翻转课堂在高校英语跨文化交际教学中的实际应用

因为翻转课堂教学模式比较重视把课堂内和课堂外有效地结合起来，所以还要求学生把自主性学习和课堂上的展示有效地结合起来，在上课之前，教师需要准备好比较充分的教学资源，既包括微课、慕课，也包括一些网络语言的相关视频和音频。跨文化交际的课程既包括语言基础知识，也包括历史、艺术、人文等方面各种各样的知识，不少语言素材都可以借助新闻、电影等方式得到。要想教学过程比较完整和准确，在跨文化交际教学中，翻转课堂教学模式应该涵盖以下几个方面。

1. 学习单

学生需要一步一步和自主学习的模式相适应。要想达到这样的目的，教师就需要依据教学的内容来设计让学生参考的学习单子，这样的话，学生就可以根据教学大纲和教学目的开展自主性的学习。学习单既包括本单元涵盖的教学内容，还包括学生需要提前完成的自学内容、语言资料目录等，让学生了解自己知道什么、想学什么、发现了什么，从而促进教学活动的开展。

2. 在课外进行自主学习

教师首先需要做的是什么呢？是对教学的内容进行分解。学习内容的分解并不是随意的，而是有一定的要求和规律的，其依据就是学习内容的阶段性和模块性。当完成这些以后，教师就可以把自己制作好的微课视频上传到网络上了。学生可以学习此视频，以此为一定的指导，然后根据自己的学习情况制订相应的计划。学生可以在学校的网络平台上进行自主性的学习，也可以在自己的家里开展学习。在选择学习内容的时候，学生需要根据自身的语言水平和各种知识的积累情况进行选择，要能和自身的实际需要相符合，还要能确保对新知识进行吸收。

3. 在课内进行展示和谈论

学生先自主学习，当其自己学习了一定的内容以后，教师就需要对传统意义上的课堂进行一定的翻转了。传统意义的课堂是教师对课程进行讲授，学生被动地听讲并接受教师讲授的内容。反转之后的课堂是教师对学生进行一定的指导，学生成为学习的主体。在这样的课堂模式中，学生不再是被动的学习人员，而是主动进行学习的人；教师不再是课堂学习的主体，而是对学生进行一定辅导的人员。

课堂教学的内容和形式不应该是单一化的，而应该是多元化的。这样的话，学生可以自己把语言学习和知识积累的成果展现出来，还能让学生对西方国家的文化知识有所了解，推动学生之间进行交流和沟通，积极开展各种各样的课堂对话活动。

4. 评价体系

和传统意义上的教学模式相比较，翻转课堂的教学模式是不一样的。和普通的语言知识课程相比较，跨文化交际课程也是不一样的。对翻转课堂的实施并不是随意的，而是需要一定的条件。首先，翻转课堂的实施需要很多资源，不论是慕课资源，还是微课资源，都是必不可少的。其次，翻转课堂学习中的学生还必须具有较强的自主学习能力。跨文化交际课程涵盖的内容非常丰富，除了需要对语言知识进行传递以外，还需要对语言背后的文化知识进行传递。

在进行教学的时候，我们要将翻转课堂教学模式和跨文化交际课程进行有效的结合。学生要在平时积极积累文化知识，并且把自己所学到的知识展现出来，进行一定的交流和互动。当然了，不论是对学生的自主学习的过程，还是学习的效果，教师都需要进行一定的评价。这就需要建立一定的评价体系。

什么是评价体系呢？实际上，评价体系就是指对学生的自主学习过程等开展较为有效的测试，以便让教师和学生能够了解自主学习的情况。评价体系还能培养学生的自觉性，让学生自己养成较好的学习习惯。通过评价体系的建立，教师可以对学生在自主学习的过程中遇到的问题进行有效的了解，从而指导后面的教学设计。

第二节　跨文化交际背景下高校英语慕课教学

一、慕课概述

（一）慕课的定义

2008 年，“慕课”由加拿大学者戴夫·科米尔（Dave Cormier）和布莱恩·亚历山（Bryan Alexander）大第一次提出。很快地，这个名称受到了教育界的广泛关注。“慕课”的英文名字是 MOOC。所谓的“M”指的是规模比较大的，表示参与的人数是比较多的。慕课的参与人数可以非常多，甚至可以达到数万人，在人数上并没有什么限制，但是，传统意义上的教学模式是根本做不到的这点。慕课不论是课程还是学习的支持服务，规模都是比较大的。这样的话，教育就会更加的公平和开放。第一个“O”表示开放的意思。不论是国内还是国外的学习人员都可以对线上的课程进行免费的学习。线上的课程都是对外开放的，既不会受到地域的限制，也不会受到门槛的限制，因而，其对于教育的发展有积极的推动作用。第二个“O”指的是学习的在线，也就是二十四小时都在线。只要学习人员自己有时间，就可以积极参加学习，这样可以使得学习人员对自己的学习时间进行较为充分的利用。“C”的意思就是 Courses，也就是课程。教师把自己精心制作的讲课视频先传到网络上，学习人员有时间和精力的时候可以随时学习。不同的学习人员可以根据自己的学习情况对各种各样的教育资源进行选择，开展在线学习，进行互动交流，最终促进自身的全面发展。[①]

慕课出现的时间并不是很长，当其出现的时候，其就快速地在教育领域应用起来，我们称为在线课程开发的教学模式。简单地说，就是慕课促进了知识的传播。首先是由一个人或一个集体把视频制作出来，然后把制作出来的视频上传到网络上，世界各地的使用人员都可以对视频进行自主性的学习。当然，这既可以是免费的，也可以是收费的，这就是一种开放性的课程。慕课对以往的资源信息进行了一定的整合，把学习管理系统和教育教学网络资源进行有效的融合，从而开发出新的课程。慕课和传统意义上的电视等远程教育形式不一样，和公开课也是不一样的，慕课和网络基础上的软件也是有所不同的。

在慕课的教学模式下，课堂教学和学生的学习进程等都可以在线上得以实现。慕课主要就是借助互联网实现在线的网络视频观看。慕课的规模是非常之大的，课程体系也是、非常庞大。学生可以使用电脑来对慕课资源进行学习，而不用再像传统意义上的教师和学生面对面进行交流。在慕课这个教育平台上，每个人都可以依据自己的兴趣爱好来学习，然后进行自由讨论。在慕课平台上，既有相应课程的资源，也有其他一些相关的资料，课堂上学不到的知识都可以在慕课上学习。慕课是一个在线学习平台，这个学习平台上的学习资源都是免费的。我们需要借助计算机来对慕课的教学资源进行制作，把各个模块整合在一起，这样才能实现资源的共享。

（二）慕课的特点

1. 开放性和大规模性

所谓的开放性指的是对于课程的学习既不会受到地点的限制，也不会受到学习人员学历的限制。所谓的大规模性指的是学习人员的数量并不会被限制。这样的话，即便是在师资力量并不是很充足的情况下，也可以保证课程质量。不论是谁，只要对学习课程感兴趣，就可以报名。

---

① 沈海玲. 网络视频课程在地方院校中运行效果的理性分析及建议——以淮北师范大学为例 [J]. 成都师范学院学报，2016 (7)：37－42.

只要想学习，不论你在哪里，只要有网络就可以开始学习。现在，很多人使用手机和电脑，因而学习也是可以直接在手机或者是电脑上进行的。我们发现，现在的慕课中大部分都是免费的，只有少部分是收取一定的费用的，但是和传统意义上的慕课相比较，收取的费用是非常之少的。所谓的网络课程指的是各种各样的课程资源都散布在互联网上，人们不论在哪里上课都是不受限制的。

2. 交互性

不论是哪一堂慕课，其中都会有一定的检测系统。检测合格以后，才能学习后面的内容。在慕课上，教师和教师、教师和学生、学生和学生之间都是可以进行交流的。

和微课差不多，我们也要把慕课应用于翻转课堂之中。在高校英语教学改革中，我们要将慕课和翻转课堂进行较好的结合。不仅要让学生积极进行学习，还要培养学生对英语的应用能力。慕课平台上的教学资源非常好，而且数量大。慕课把互联网当作基础，促进了各种因素的有效融合。高校英语教学改革应对慕课的各种优点进行充分的利用。高校英语的教学改革要根据自己的实际情况构建具有高校特色的教学模式——“慕课＋翻转课堂”，并不是简单地对国外的慕课进行照搬照抄。在开展“慕课＋翻转课堂”教学模式的时候，我们需要注意几点：在上课之前，学生可以借助慕课进行自主性学习；在上课的时候，学生之间或者是学生和教师之间可以进行交流互动，并且把学习成果汇报出来，从而加深对知识的理解和掌握。要想对慕课进行有效实施，教师需要对慕课的优点和缺点进行较为科学的了解，还要对教学对象的特点进行深入的了解，对国外比较优质的资源进行引进，对教学活动中使用的信息进行一定的鉴别，进而把“教”和“学”有效地统一起来，取得良好的教学效果。除了这些以外，教师不能再像以前那样站在讲台上机械地讲课，而是要在线上进行有效的互动和交流，加深对学生的了解，有针对性地设置相关的课程。

（三）慕课的优势

1. 迎合了新一代学生的认知需求

现代学生所生活的环境中到处都是计算机和互联网，各种各样的数字化终端影响着学生的学习态度和认知行为。和传统教学模式下的学习方式不一样，信息技术背景下的学生更倾向使用多媒体进行学习。慕课满足了现在学生的要求，比较容易被大家所接受。

2. 打破了教育的不平等性

对于比较贫困的地区，很多学生可能因为家庭的原因不能获取较为平等的教育。但是，只要有了慕课，这些学生即便不出门也能学习国家重点院校的优质教学资源。

3. 引入各种各样的教学资源，使教学内容变得非常丰富

慕课这个平台上的资源是非常丰富的，既有电子资源，还有相互交流讨论的论坛。这些都可以弥补传统意义上的教学模式的不足之处，丰富教学的内容。

4. 对不同层次学生的学习有益

传统意义上的班级制教学模式可以促进教学效率的提高，还能促进人才的培养。但是，在班级制下，同样的课程中，教师使用的教学模式、教材、进度和要求等都是一样的，并没有把学生个体的差异化考虑在内。但在慕课平台上，接受能力比较强的学生可以加快学习的进度，先学习后面的知识；接受能力比较差的学生则可以放慢学习的速度，反复学习自己不是很懂的知识。

5. 终身学习逐渐得以实现

现在的社会，科学技术的发展非常迅速，知识更新也非常快。不论什么人，要想一直留在社会上，就需要和时代的发展潮流相适应，还要不断学习，促进自己能力的提升。借助慕课，让终身学习成为可能。不论什么人，都可以打破时间和年龄的限制，获得自己想要的知识。

二、构建“慕课”背景下跨文化交际的外语教学模式

之所以开展外语教学，主要的目的就是培养学生使用语言交际的能

力。因为信息技术的不断发展，慕课平台的教学资源质量越来越高，再加上管理体系比较严谨，引发了数字信息化时代教学模式革命性的变革。高校英语教师可利用慕课教学平台的优势和特点改进教学模式。通过对这一新型教学模式的利用与研究，可将跨文化交际教学和慕课教学进行较为有效的结合，以此来对教学进行一定的辅助操作，真正实现以学生为中心的教学策略。这样不仅创新了教学模式，而且可以发挥学生自主学习的能动性，解决当前跨文化交际教学中存在的诸多问题。下面从以下五个方面对该模式进行具体阐述。

（一）教学目标

就教学目标而言，跨文化交际能力的发展应明确作为外语教育的目标之一，在制定教学大纲时应有明确的文化学习项目。跨文化交际课程的教学目标主要体现在这样几个方面：第一，我们要知道文化怎样影响交际活动，产生影响的因素有哪些，对跨文化交际涵盖的基本内容进行解读，还要知道交际活动本身所具有的丰富性和复杂性。第二，要让学生了解跨文化交际的重要性，从而培养他们的跨文化意识。第三，逐步提高学生对不同文化的感知敏感度，以此来和拥有不一样想法的人进行交流。慕课对学生的跨文化交际能力的培养具有积极的推动作用。慕课使得学生在上课之前就可以进行自主性的学习，帮助开展较为有效的互动和协作，帮助学生不断内化知识，从而培养跨文化交际的能力。

（二）对教学资源进行开发

在选择教学视频的时候，我们要尽可能地创建跨文化交际的语境。在一些非常出名的慕课平台上，我们要选用国内外比较有名的学校的专业慕课视频来供学生进行学习。教师也可以从各种各样的资源中进行选取，从而补充教学内容。我们要不断促进资源利用率的提高，不论是教学视频内容的复杂性还是其音频的效果等都会对学生的学习效果产生很大的影响。教师也要随着时代的发展不断补充知识，根据现实生活中存在的真实例子创建一定的学习情境，积极引导学生分析跨文化因素。

(三) 上课之前传递知识

当教师对视频的资源进行一定的选择以后，学生就需要在上课之前对相关的视频进行一定的学习，还要借助学习反馈来对教师提出的相关问题进行有效解答。这样一个环节是非常重要的，这就是第一次知识内化。这个时候，学生以前的认知要和新的知识相互融合。在上课之前的知识传递环节，学生就可以进入跨文化交际的语境中，并且在真正开始学习前就能了解各种不同的文化要素，形成自己的想法。教师可以根据学生的学习情况来对教学的内容进行一定的调整。

(四) 设计课堂教学

当学生在上课之前对知识进行了一定的传递以后，接下来就需要进行交流和互动了，具体的步骤有三个：首先，掌握知识点。教师根据知识传递环节的内容来把重点和难点表现出来，还要积极帮助学生理解知识点，还要及时解答学生提出来的疑难问题。其次，开展案例分析。教师积极组织学生开展小组讨论，各个小组的人数一般在3～5个人之间。各个小组之间可以相互打分，积极开展案例分析，这样的沟通互动能够有效地促进课堂教学的开展。教师还可以设定跨文化交际的情景，使得学生在模拟中增强自身的跨文化交际能力。最后，教师进行反馈。当课程结束以后，教师需要对案例中的知识点进行总结，还要对学生进行一定的指导，以此来促进学生的批判性思维的养成，从而使学生能有效应对跨文化交际中的文化差异。这就是第二次知识内化。

(五) 建立评估体系

借助慕课平台来对学生学习的变化和各个小组的作业完成情况进行分析，以此来判定学生的自主学习情况。在上课的时候，各个团队的展示和各个小组的评分都可以用来断定小组的成绩。各个小组的学习积极性对个人成绩的评定具有重要影响。有的学生可能会对小组有过多依赖，这样的话，就可以在单元结束以后借助单元测试来检查每个人的学习情况。

跨文化交际的教学模式对慕课平台进行了较为充分的运用，还把自主学习和互动学习有效地结合在一起，克服了传统意义上的跨文化交际课程教学的缺点。在慕课学习中，不论是学生和学生，还是教师和学生，都可以进行有效的互动。学生的主体性得到增强，学生的跨文化交际能力得以培养。

第三节　跨文化交际背景下高校英语微课教学

一、微课概述

（一）微课的定义

我们把“微型视频网络课程”进行简化，称为“微课”。最早的时候，微课就是一分钟演讲或者是 60 秒课程。戴维·彭罗斯（David Penrose）是第一个把这个概念应用于教学的人。把教学的目标和教学的内容进行有效的结合，这样的话，人们就会产生一种比较集中的学习体验。[①] 微课的教学是在线形式，通常来说一般在 1～3 分钟的时间。微课会把一些概念和活动放在非常突出的位置，积极引导学生对网络进行有效的利用。

随着人们对微课的研究逐渐深入，微课的定义也不断变化。在中国，第一个提出微课概念的是胡铁生。[②] 各个研究人员对微课的解读都是不一样的。单纯从微课的表面含义进行分析，可以把微课的定义化为三种：第一种是站在“课”的角度进行分析，把微课看成一种比较简短的教学活动。第二种是站在课程的角度进行分析，既包括课程计划，也包括课程目标、内容、资源等。所谓的课程目标实际上就是指微教案；所谓的课程内容实际上就是指各个学科的知识点；所谓的课程资源实际上就是指微课、微练习等。第三种是站在教学资源的角度进行分析，比如教学视频等。即便是每个人的定义不一样，但是这些定义都有一样的

① 周毅，梁臣凤．盲聋学校微课教学实用教程［M］．南宁：广西人民出版社，2015．
② 吴琼．基于项目式学习的国家课程校本化重构［M］．广州：广东教育出版社，2016．

内涵，那就是课程的目标比较简单一致、课程的内容较少的、课程的时间较短、把微视频当作载体。现在各种比赛中的微课都基本和以上这些特点差不多，本质上就是展现和教学相关的视频。当然了，假如视频并没有被使用，也就是没有人使用它来学习的话，那这样的视频不能被叫作微课。

微课是一种比较新颖的教学资源，其对传统意义上的课堂学习具有一定的补充。

（二）微课的特点

微课主要是针对传统教学资源的局限性提出的一种新的学习方式，其主要特点可用四个词概括：精美、简洁、具体、生动。具体而言包括以下五个方面。

1. 主题非常明确

微课有其自身的作用，那就是解决传统意义上的课堂教学中所出现的问题，这些问题有知识点过于冗杂，重点和难点并没有很清晰的界限、教学的目标过多等。在制作微课的时候，其知识点最为关键，需要非常精炼简明，教学的目标也需要非常精确。只有明确微课的教学目标，才能让学生更好地理解学习的内容。

2. 既多样化又具有一定的真实性

微课的资源要多种多样。只有微课资源多种多样，教学才能更加具有色彩。不论是教师还是学生，都可以因为微课资源的丰富多彩而受益匪浅。学生可以借助微视频开展学习，还能巩固所学的知识，微反馈可以评价学生的学习情况，逐渐提起学生学习的兴趣；教师借助多种多样的微课资源可以不断提升自己的教学能力，最终促进教学效果的改善。

所谓的真实性主要指课程所设立的情境要具有一定的真实性。微课的设计要在一个真实的场景中体现出来，还要结合详细的教学内容。只有把课程设立的情景同实实在在的生活结合起来，才能把微课教学的情境性展现出来。

3. 灵活而快捷

传统意义上的教学是有比较严格的时间规定的，但是，微课的时间比较灵活。也就是说，微视频的时间并不是很长，这一点和学生的认知特点相适应。微课资源非常小，携带起来也非常方便。所以，学习人员在学习微课的时候所消耗的时间比较少，也不用耗费太多的精力。这样的话，学习人员可以灵活地安排自己学习的时间。

4. 共享和相互交流

网络资源最核心的理念就是共享。通过对微课的发展状况进行分析和解读，就会发现，其优点非常多：内容丰富、携带方便、打破时间和空间上的界限、实现教学资源的共同分享。不只是这些优点，微课还为学生和教师提供较为便捷的互动和交流。

5. 实践生动

因为微课具有各种各样的优点，所以人们对微课的评价非常好，对于一线教师来说更是如此。由于开发微课的主体是广大的一线教师群体，加之微课开发的本身就是以学校的教学资源为基础的，因此，越来越多的学校通过微课这种新的学习方式进行探索研究。挖掘本校的微课建设，本身就具有很强的实践性。在实践的过程中，微课的表达方式应被给予高度的关注，不论是画面和主题，还是流程及其相应的互动方式，都要生动活泼。

(三) 微课的优势

1. 在学生的学习过程中微课所展现出来的优势

(1) 可以激发学生的学习兴趣

因为微视频是微课最为主要的东西，其具有一定的趣味性和形象性，所以有助于调动学生的学习兴趣，进而促进学生学习效率的提高，达到学习目的。

(2) 可以培养学生的自主学习能力

教师对学习内容进行较为细致的研究，对重点和难点进行详细的划分，进而制作成微课，让学生自主开展学习。这样的学习方式可以对传统意义上的学习方式进行一定的补充。微课还是可以被保存下来的，当学生需要的时候可以随时查看。这样既能帮助学生巩固知识，还能让学生主动进行学习。

（3）满足学生多样化的学习需要

因为可以随时随地观看视频，并且学生可以根据自己的需要对视频的播放进度进行调整，所以学习基础比较差、反应比较慢的学生可以看得慢一点；学习基础比较好、反应比较快的学生可以看得快一点。

（4）对于家长辅导孩子非常便利

微课是家长辅导孩子最便利和最有效的方式之一。

2. 在教师专业发展中微课展现出来的优势

微课对传统意义上的教学方式进行了改革。以前的上课模式主要是教师讲课、学生听课，这一点在微课中被打破了。

（1）知识具有一定的拓展性

在上课之前，教师要想对课程的内容进行扩展，就需要查阅相关的资料，以此来对知识点进行扩充。这样的话，知识点就会显得比较丰满。学生的眼界被打开了，教学的资源也得以丰富起来，教师的教学水平也不断提高。

（2）空间具有一定的随意性

传统意义上的教学主要是在教室中进行的，微课教学打破了地域的限制。只要有录像设备，教师可以在任何地方进行录制。

（3）在应用上具有广泛性

在进行说课的时候，微课能够提升教师的信息设计能力；在进行评课的时候，微课可以提出教师的评价能力；在进行交流的时候，微课可以加强教师之间的交流。

（4）角色的可换性

微课使教师从演员型的教师转变为导演型的点化学生智慧的导师。

（5）研究的科学性

制作微课，就是微研究的过程。教师在反复的教学过程中提升了自身的教学水平。

（6）反馈比较及时和迅速

在对微课进行录制的时候，他人可以随时随地对其教学进行评价，教师可以根据别人的评价来对自己的课程进行修改。和传统意义上的教学活动相比较，微课可以对教师的教学行为进行最大限度的改进。

（四）微课的功能

1. 微课可以满足学生的个性化学习需求

我们针对学生来进行分析，因为每个学生的情况是不一样的，需要具体问题具体分析，微课恰好可以达到这样的要求。学生能够根据自身的需要选择学习的进度，既可以检查自己不足的地方，还能对已有的知识进行巩固，提高学习的效率。

（1）每个学生都有自己的学习进度，微课可以让他们自由安排

在学习知识的时候，学生完全可以根据自己的掌握情况，暂停、重播、倒退、快进。假如学生把以前学习的内容忘记了，也可以再重新播放视频进行学习。

（2）在课堂上，教师可以根据学生的问题进行个性化的指导

当学生有疑问的时候，教师可以对其进行个性化的指导。当学生在做作业的时候，教师可以对平台进行查看，如有疑问，可以及时进行解答。这样一对一的指导非常个性化，避免了一刀切的现象。

一般来讲，当教师在为没有上课的学生进行补课的时候，只需要十几分钟的时间就可以把四十多分钟的课程讲完。为什么出现这样的情况呢？这是因为在这样一对一的讲课中，学生可以集中注意力，外界的干扰因素比较少，学习的效率也比较高。[①]

2. 微课对传统意义上的教学与教研方式进行改革和创新，促进教师的专业成长

针对教师来说，微课有自身的优点，其包含的内容比较明确和简

① 金陵．大数据与信息化教学变革［J］．中国电化教育，2013（10）：8－13．

单，这样的话，就能把很多时间节省下来。在教学的时候，教师可以把一些微课中的知识迁移到自己所讲授的课程中，从而不断提高自身的教学水平。

微课使得教师不再像传统意义上那样花费大量时间对知识进行讲解，而是让学生在课前观看微课视频。这样的话，教师也就有了更多自己的时间。不只是这样，微课对于新教师也有所帮助。新教师可以在自己零散的时间里积极学习微课，还可以求教那些比较优秀的教师，从而不断解决自己面对的问题。新教师录制微课，实际上就是在进行试讲，这样就可以在录制中发现自己的问题，提前解决。

在录制微课的时候，教师可以反复听一下自己讲的课程，寻找其中的不足之处，然后进行改正。在进行录制的时候，教师要做到语言流畅，这一点是教师需要注意的。当微课录制完成以后，教师要反复进行观看，发现问题，并给予有效的解决。

二、自制微课在跨文化交际能力培养中的应用

（一）以跨文化交际能力培养为目的的微课制作和开发

当前，要将微课应用到高校学生的跨文化交际能力培养中，我们首先需要做的就是对微课进行开发，并且还要围绕跨文化交际能力进行一定的培养。

第一，我们在制作微课的时候，要明确目标是培养学生的跨文化交际能力。要根据已有的教材，积极选用和教材的内容相一致的文化元素，巧妙地将文化学习融入语言教学当中。作为教学的实施者，教师需要根据选定的相关文化元素，确定主题，收集相关网络视频，进行资源整合和精心设计，自制出能够充分调动学生学习积极性的微课，从而激活学生对跨文化交际能力的认知。例如，在高校英语教学中，有一节内容是对西方国家的圣诞节进行解读，但是，我们应该怎样把中国的节日引荐给其他国家的人呢？英语教师可以通过自制微课，培养学生的跨文化交际能力，让学生学会用英语介绍中国的传统节日。我们以中国传统

节日的英文译名为选题，结合翻译的基本方法制作相关的微课。当学生在对微课进行了一定的学习之后，也就基本知道了各个传统节日的翻译方式了，在今后的跨文化交际中就不会因为无法向外国人用英文介绍中国传统节日而“抓狂”了。

第二，培养跨文化交际能力的微课制作可以多采用对比方法。课程主题可以选用中西文化差异及其体现，全方位对比中西文化，让学生在充分了解西方文化的同时，也对我们自己的中国文化有更加深刻的理解。这样在跨文化交际活动中既能做到不触犯西方文化的禁忌，又能做到准确用英语传达出中国文化。例如，微课主题可以定为“中西文化中时间观的差异”“中西方文化中邀请礼仪的差异”等。

第三，要想借助微课提升学生的跨文化交际能力，教师首先要具备较强的跨文化交际意识与交际能力。英语教师在英语教学中占据重要地位，如果一个教师自身的跨文化交际意识较弱，就会对学生的跨文化交际能力培养产生消极影响。这就要求英语教师自觉主动地强化自己的跨文化交际意识，多方面提升自己的跨文化交际能力。

第四，通过微课培养学生的跨文化交际能力，要求英语教师具有一定的微课设计与制作能力。英语教师自身的知识体系必须扎实完善，对新的教学理念与方法要有一定的接受能力与实施能力。英语教师还应积极参与教师专业化培训，掌握微课制作的相关技术，不断学习经验，提升自身的微课制作能力与微课实践教学能力。

（二）自制微课在跨文化交际能力培养中的应用实例

教师自制微课开展英语教学的步骤主要包括：第一，课前观看微课。让学生在课前观看教师制作好的微课，认真学习课程内容，思考并完成教师布置的学习任务。第二，课中讨论微课。在课上，教师可以组织学生进行互动讨论，交流各自的看法的观点，锻炼学生的跨文化交际能力。第三，课后阐释微课。在课后，学生可以在微课平台上发表自己对本课内容的深入见解，教师也可以与学生进行深入探讨，加深学生的记忆。下面以西方节日文化微课为例，对自制微课在跨文化交际能力培养中的应用进行说明。

在课前，英语教师可以提前向学生布置学习任务，让学生自主观看教师制作好的微课——“中国传统节日英文名知多少”“中国春节与西方圣诞节庆祝方式的差异”等，并且要求学生在观看之后思考两个问题，即如何用英语介绍自己最喜欢的中国传统节日，春节与圣诞节的相似之处及差异。

在课上，教师可以组织学生进行小组讨论，小组成员可以先进行内部交流，对之前教师布置的问题进行探讨，然后再由小组代表总结分享他们的学习讨论成果，在这个过程中其他同学也可以提出自己的问题。在所有小组代表汇报完毕之后，教师可以进行综合评价，同时可以借助一些经典案例加深学生对本节课知识内容的记忆，比如播放有中西方节日文化元素的视频等。

在课后，学生可以根据课上的话题继续延伸讨论，分享自己对中国传统节日的理解，以及对其英文译名的认识。深入解析传统节日译名的内涵，对中国传统节日与西方传统节日的文化内涵进行对比探讨。

对英语微课教学进行课后反思可以发现，自制微课在提升学生的跨文化交际能力方面发挥了积极的作用，主要体现在以下几个方面。

第一，自制微课可以满足学生随时随地学习英语的需求。学生完全可以按照自己的学习进度与学习计划开展英语学习，还能充分利用自己的碎片时间。这极大地提高了英语学习效率，开发了学生自主学习、独立思考的潜能。

第二，自制微课使英语教学的方法更加多样化。比如小组讨论式学习与探究式学习就为英语课堂注入了许多活力，同时这种教学模式真正实现了以学生为中心的教学理念；案例分析教学可以加深学生对相关知识内容的记忆，使学生更加全面地了解跨文化交际，而不是局限于某一个特定的知识点。这些新型的教学方法可以有效增强学生的跨文化交际意识与能力。

第三，自制微课英语教学的课后环节也发挥着重要作用，学生在课程结束之后的交流讨论可以反馈他们的学习成果，让教师对整体的学情有所把握。同时，这一过程还能够促进学生展开自主反思学习，锻炼学生的批判思考能力。

当前，网络已经深入人们生活、学习的各个角落，微课作为现代信息化教学的重要组成部分，也应受到重视。高校英语教师要把握微课的特点与优势，摆脱传统教学观念的束缚，努力学习微课制作技术，更新教学观念，不断增强自身的跨文化交际意识，借助自制微课达到培养学生跨文化交际能力的教学目的。

参考文献

[1]丁燕.互动与融合:跨文化与英语教学[M].北京:九州出版社,2020.
[2]丁煜.大学英语教学多维探究[M].武汉:华中科技大学出版社,2021.
[3]范云.大学英语教学模式创新研究[M].长春:吉林人民出版社,2022.
[4]高红梅,管艳郡,朱荣萍.高校英语教学创新性研究[M].长春:吉林人民出版社,2021.
[5]郭坤.全球化背景下大学英语跨文化教学研究[M].成都:电子科技大学出版社,2017.
[6]何冰,姜静静,王婧.现代跨文化英语教学与课程设计研究[M].长春:吉林人民出版社,2019.
[7]黄建滨.英语教学研究[M].杭州:浙江大学出版社,2018.
[8]霍然.跨文化英语教学研究[M].长春:吉林出版集团股份有限公司,2019.
[9]霍瑛.多元文化视域下的大学英语教学[M].长春:吉林人民出版社,2021.
[10]贾芳,王禄芳,刘静.跨文化视域下的大学英语教学探究[M].长春:吉林人民出版社,2022.
[11]李清.高校英语跨文化教学研究[M].长春:吉林人民出版社,2020.
[12]李晓玲.大学英语教学方法研究[M].西安:陕西科学技术出版社,2020.
[13]刘红,刘英,潘幸.英语核心素养与英语教学[M].长春:吉林人民出版社,2021.
[14]刘重霄.提高英语应用能力 提升跨文化人文素质:教学改革论文集[M].北京:首都经济贸易大学出版社,2017.
[15]秦初阳,孙金凤,丽娜.跨文化视域下的高校英语教学理论体系重构探索[M].长春:吉林人民出版社,2021.

[16]曲琳琳.跨文化视野下英语教学研究[M].天津:天津科学技术出版社,2021.
[17]孙婕.高校英语教学理论及实务研究[M].长春:吉林人民出版社,2022.
[18]唐旻丽,崔国东,盛园.跨文化视角下的英语教学理论与方法探究[M].长春:吉林人民出版社,2021.
[19]陶晓莉.大学英语跨文化教学实践探索研究[M].北京:华文出版社,2021.
[20]王珊,马玉红.大学英语教学的跨文化教育及教学模式研究[M].武汉:武汉大学出版社,2018.
[21]王晓玲,曹佳学.跨文化大学英语教学理论与实践[M].成都:西南交通大学出版社,2015.
[22]熊文熙,范俊玲,肖玲.大学英语教学与跨文化交际能力培养研究[M].北京:华文出版社,2021.
[23]徐春娥,郑爱燕,杜留成.跨文化理论对大学英语教学的影响研究[M].长春:吉林人民出版社,2018.
[24]杨艳.英语教学创新研究[M].长春:吉林人民出版社,2019.
[25]张鸽.大学英语教学模式创新与发展研究[M].北京:经济日报出版社,2022.
[26]张喜华.有效的基础英语教学[M].北京:旅游教育出版社,2021.
[27]赵娟.跨文化语境下英语翻译研究与教学创新[M].北京:中国水利水电出版社,2018.
[28]周榕,刘敏,王韵青.英语跨文化教育教学研究[M].长春:吉林人民出版社,2020.
[29]周维杰.英语教学设计与案例分析[M].上海:上海交通大学出版社,2018.
[30]朱雪艳.文化意识与英语教学[M].上海:上海交通大学出版社,2017.
[31]邹颉.现代英语教学要义[M].杭州:浙江工商大学出版社,2015.